最高學習法

Stop Talking, Start Influencing

12 insights from brain science to make your message stick

12個改變
你如何思考、學習與記憶
的核心關鍵

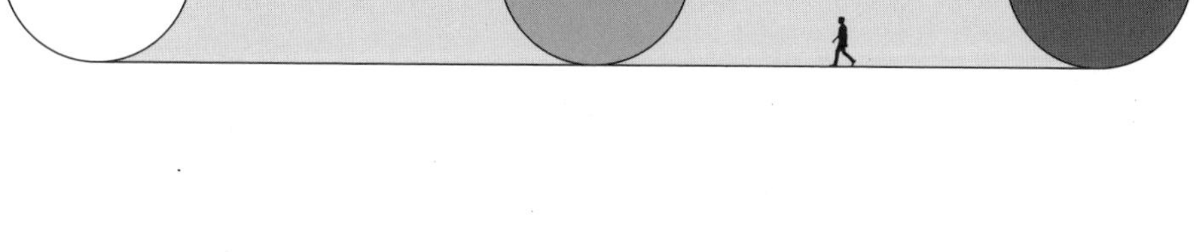

教育神經科學專家
傑里德．庫尼．霍維斯 著
Jared Cooney Horvath
陳錦慧 譯

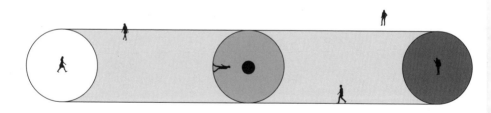

獻給鮑勃，
感謝你在這段過程的愛與支持

【國內按讚聲不斷】

溝通是份禮物，是教與學，是透過聆聽理解和表達，建立與自己、與他人更深刻的連結。然而到底如何溝通？如何教？如何學？作者透過圖片、比喻、實驗等深入淺出地解答，不只提供實用建議，更帶領讀者剖析原理，立即體驗效果，徹底感受學習樂趣！

知識型 YouTuber　Why 學生

我經常在社群上分享上台演講教學、甚至是錄說書影片的心得，所以也常常會有人問我，該怎麼學習才會更有效率。本書談的是有關大腦與學習之間的關係，如果你有學習上的困擾，相信所有問題都可以在本書中找到答案。

千萬人氣部落客、空姐報報 EmilyPost 版主　Emily

一本將腦科學與認知心理學活用於生活與工作的好書！

台大心理系副教授、《大腦簡史》作者　謝伯讓也許，我們都在浪費彼此的生命。

當在溝通、簡報、教學的時刻，如果不理解大腦的學習模式，不但無效，還得花更多時間，也就是彼此的生命。還好，這本書透過腦科學結合生活情境，讓我們能有效傳遞。不只說給他聽，更幫助對方更好地理解。

溝通表達培訓師　張忘形

這本書印證了我過去部分的思維，但也改變了很多我對訊息傳遞的認識，內容對社群訊息設計觀念合用，非常推薦行銷人閱讀。

電商人妻 Audrey

在當今追求速成、短期績效的加速社會中，自我成長的學習書籍不斷推陳出新，但多數都只是對成功人士或作者自己有效的學習方法，而未考慮用同樣學習方法卻失敗的多數人，即所謂「倖存者偏誤」。本書作者從神經科學反覆驗證過的研究成果出發，用有趣的實驗介紹學習與記憶的腦科學，非常適合領導者、教學者與任何想要深化學習力的讀者！

知識型 YouTuber　超級歪

【國際驚豔好評】

本書內容太吸引人，讀來欲罷不能，絕妙的實用點子俯拾即是。只要你曾經教導過任何人任何東西，都該讀一讀！

Helen Street——The Positive Schools Initiative 創辦人兼主席；西澳大學名譽研究員

本書不但詳盡介紹精采簡報如何做，更說明為什麼。這些卓越的洞見能讓你要傳達的訊息擲地有聲。

Barbara Oakley——《學習如何學習》（Learning How to Learn）與《大腦喜歡這樣學》（A Mind for Numbers）作者

本書妙不可言，趣味、實用，而且好看極了。我大力推薦給教師、運動教練、健身教練、演說家、家長……曾經把知識或技能傳授給別人的所有人。

Todd Rose——哈佛教育研究院「思維、腦科學與教育研究」負責人如果你在找一本探討大腦與學習的書，內容要有趣、吸引人、有憑有據，那麼這本就是了。神經科學專家現身說法，告訴我們大腦科學可以教給我們多少東西。霍維斯知道如何激勵大腦，如何餵養它，讓它樂在其中，過程中每一頁都喚起讀者的興奮情緒。

John Hattie——墨爾本教育研究院榮譽退休教授

像這樣的書我已經等了很多年（幾十年）！終於出現嚴密精確、易於理解、真正能運用在工作與生活上的腦科學研究。本書對企業的所有面向都非常重要，比如行銷、品牌經營、銷售、訓練、文化乃至變革管理等。這是實用的科學，我喜歡。

S rgio Brodsky——Initiative Global Media Agency 策略主管

如果你在創意、行銷、品牌經營、銷售、內容等領域任職，這本書非讀不可。

Gemma Hunter——MediaCom 全球執行創意總監

我入行將近二十年，第一次接觸到書中的某些概念。這本書不只新穎、重要、別開生面，讀來更是妙趣橫生。

Brandon Exline——CCMC Management 副總經理

在我們這個瞬息萬變的世界裡，要能適應得健全又有意義，終身學習有絕對的必要。關於本書的主題，我認爲沒有誰比霍維斯博士更能深入淺出帶領你。

Patrycja Slawuta——SelfHackathon 創辦人兼總裁

本書結合腦科學研究與難以抗拒的敘事手法，佐以眞實世界的應用，只要你想要發揮影響力，都該一讀。

Sarah M. McKay——Neuroscience Academy 創辦人

劃時代的作品。霍維斯博士巧妙地闡釋學習背後的神經科學，提供效果強大又容易上手的實用技巧，協助改善教學、會議室與運動場上的學習。不可錯過的讀物。

Cathy Brandon——傑納札諾（Genazzano）學習與腦科學研究院院長

終於！霍維斯告訴我們教學策略爲什麼成功或失敗，讓我們眞正擁有變成教學畢卡索的能力。讀、學、教！

Elisabeth Lenders——金斯伍德（Kingswood）學院校長

霍維斯博士做了這個追求速成與捷徑的世界迫切需要的事：整合學習的科學的眞實面。如果你嚴肅看待教學與學習，就需要讀這本書。

Vincent Walsh——倫敦大學學院人腦研究教授

【推薦序】

再問一次，你確定嗎？

——破除「習慣」的互動性學習實驗

國立交通大學兼任助理教授
中央廣播電台主持人　李律錚

我從小就愛看書。在那個沒有電腦與網路的時代，紙本書雖然並不算什麼稀缺的資源；但因為家境，我們家從來沒有辦法買書給我看，對一個子女眾多的工人家庭來說，子女的文化資本是一個奢侈而不可能的投資。因此在物質條件缺乏以及求知若渴的情況下，幼年的我在識字以後，養成了一個習慣，就是把有機會看到的書，不管是在同學家還是親戚家的書櫃，不管是圖書館還是書店，就在我這一生有緣與這本書接觸的一個小時不到的時間裡，用盡全部的腦細胞把內容全部背下來。

這個從童年的困乏開始的故事到了後來有了意想不到的結果，我從求學時期一直到現在，看過的絕大多數的書，都還是能大致記住書中的主要結構，或是某些書中的細節，甚至是那個細節大約位在紙本書的哪一個位置。這樣的強記習性也延伸到我看的電影與我聽的音樂，後來在我寫文章的時候，我可以大致上從腦海中回顧許多電影或是書本的主要內容，只有某些非常需要精確求證的人事物我會上網查證，這樣藉由學習與記憶整理而日積月累形成的巨大資料庫，變成如今的我非常珍貴的腦中資產。

這次因爲受到大田出版的邀請，得以在出版前搶先閱讀這本由腦科學專家傑里德．庫尼．霍維斯（Jared Cooney Horvath）所撰寫的《最高學習法》（Stop talking, start influencing），整個閱讀過程可以說是一趟非常愉悅且妙趣橫生的腦科學之旅。我覺得過程當中最有趣的是：與其說與書互動的方式是在閱讀，不如說是在做某種「互動性學習實驗」（在這個數位時代紙本書幾乎都要被淘汰殆盡的時刻，這樣的設計尤其難能可貴），作者傑里德透過書本中的敘事與讀者對話的同時，他彷彿化爲說書人，有時候說有趣的故事，有時候拋問題給觀眾；重點是，當觀眾回答了以後，他會不停地追問：「爲什麼？爲什麼你會這樣想？」「是你自己想要這樣想？還是其實你的腦子已經幫你決定要這樣？」「再問一次，你確定嗎？」

我想，正是這樣不停頻頻後設的方式，才讓我們從反射性思考與直覺型吸收的過程當中回過神來，跟著作者的提問，回過頭來問自己：「剛剛到底是怎麼回事？」或許這樣反覆自我後設、自我提問，以及不停在作者所設下的重重問題陷阱、容易忽略的細節回顧、還有變換觀眾注意力的把戲當中，才會讓讀者一方面感到目眩神迷，一方面又開始好奇，怎麼我們的大腦，在很多地方好像是被魔術師戲耍的觀眾一樣，很容易就被勾走了注意力。這不禁讓我想到了幾年之前曾經很紅的知名扒手在TED上面的演講，示範人們的注意力是如此容易被擺布，以至於大多數人即使身上的手錶、錢包已經被扒還渾然不覺。

當然，閱讀完本書之後，除了學習到幾個重要的大腦特定部位與領域對於我們的感官接收、情緒的產生以及知識觀念的定型、記憶的形塑等等，所分別具有的重要關鍵功能外，這本書給我帶來的重要反省與衝擊有兩個重要的層面：

其一，就是我們如何透過大腦解釋這個世界。

就如作者在書中所提到的，大腦是一個高功能的預測機器。藉由我們大腦中的各個部件，負責接收感官訊息、屏蔽訊息、選擇性切換、錯誤偵測、錯誤訊息的過濾、系統面對預測失準的對策等等——大腦這個複雜的機器，幫助我們在這個晚期資本主義高度資訊發展的社會裡，去面對複雜的訊息，嘗試做出解釋、快速下判斷、選擇忽視或正視錯誤，藉由預測失準調整系統，然後預測接下來的事態發展。假如沒有大腦的種種功能，我們在現代的社會裡，幾乎就是處於一種失能狀態。

然而這樣的理論模型建構、系統塑造與對未來做出預測的過程，處處充滿了與真實世界實際運作模式無涉的偏見、誤解、記憶錯誤與主觀推定，這一點在作者幾乎是把讀者耍著玩的種種遊戲中即可顯見——人類的大腦，其實也是非常靠不住的預測機器。甚至包括我們人類當中極其優秀的學者社群所累積建構的最先進知識，仍然有可能充滿了偏見與錯誤。

那就更不用說在此刻面對資訊戰與不實新聞、內容農場等大量不實內容給灌爆的台灣社會，藉由特定媒體的炒作，在意識形態上被撕裂的台灣社會，面對同一個事件，人們可以有完全相反的解讀。而再偏激的意識形態與偏見，在網路上仍然可以見到與之志同道合的應和者，這是我等知識分子在這個荒謬而喧囂的年代裡必須時時保持自省的事。

其二，是說故事的力量。

這幾年我的研究興趣很大量地投入在說故事的力量當中，而「敘事」正與我們前一點所提到的大腦的「高功能預測機器」這個特點有極大相關。從新石器時代裡，人們圍著火堆說故事；到中古歐洲，人們講著森林與女巫的童話故事，教導孩子們在危險困苦的時代裡保護自己。我們的大腦，傾向於將看起來沒有具體關聯的現象統合起來，並且爲其確認時序、建立連結、創造因果，然後化爲故事。

在這個眾聲喧譁的時代裡，新聞將事件化爲故事，歷史學者將新聞事件建立因果順序，再透過敘事而結成歷史。在教室裡、在電影院、在敘事歌曲中、在各種現代化的載具裡，人們則閱讀故事、觀賞歷史。在說書人點評歷史興衰中，我們透過故事學習那些鑲嵌在故事情節裡的觀念、知識，或是面對世界的適當態度；正因爲故事總是迷人，我們得以設身處地，進入故事中人的立場，分享他的感受與他所面對的難題，這又成爲了我們面對接下來的人生的珍貴資產。

回到我小時候，那個求知若渴、看到珍貴的書沒有時間慢慢品味只能囫圇吞棗、速讀強記的自己，才發現我在環境的壓力下所發展出的記憶能力、在博覽群書中慢慢建構的巨大資料庫，以及在不停面對預測失準而頻頻調整系統結構與功能應對的知識觀建立，每一個過程都牽涉到極複雜的腦科學。而在博覽群書之後逐漸喜歡上聽故事與說故事的我，也仍然是大腦發展之後的必然結果。知道知識的追尋總是這樣無邊無涯、沒有盡頭的壯遊，可能是人生走到中年最覺得幸福與感激的片刻。

目錄 CONTENTS

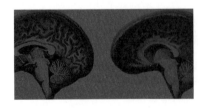

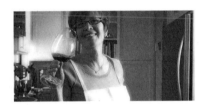

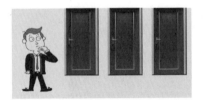

引言

我們都是教學者。

如果你曾經帶領同事或客戶執行新方案或計畫，你就是教學者。

如果你曾經指導新手揮高爾夫球桿、打棒球或踢足球，你就是教學者。

如果你曾經對一群聽講者簡報新點子或新觀念，你就是教學者。

如果你養育過孩子……意思夠明白了。

問題來了：我們很多人每天都在向別人傳授知識，卻很少人眞正學過如何以最有效率的方法傳授，好讓別人聽懂、記住，還能活用這個知識。簡單說，沒有人教過我們該怎麼教。爲了解決這個問題，我們很多人求助於書本（類似這本），希望藉由書中提供的無數訣竅與技巧，提升我們的教學效果。想當然耳，我們只要依據書本上的「怎麼做」指南按表操課，肯定能跟那些大人物一樣，帶給身邊的人啓發與影響。

很不幸，那些指南幾乎都沒用。要想了解原因，請看圖①。

圖①：兩匹簡單的馬

其中一匹馬出自西班牙大畫家畢卡索手筆，另一張是我六歲的姪女畫的。兩幅畫看起來都非常簡單，但我相信一點也不難分出高下。爲什麼？

畢卡索以他塊狀、稚氣的畫風聞名，很多人卻不知道他是技法大師。事實上，幾乎所有主流畫派畢卡索都學習過，而且都能精通活用。

我姪女畫底下那匹馬時，對繪畫只有粗淺理解，一筆一畫都欠缺深度與內涵，輕易就看出她的技巧純粹簡單。然而，畢卡索畫上面那匹馬的時候，對繪畫技巧有深刻又細膩的掌握：每個彎弧都展現出抉擇、理解與目的性，在在顯示這幅看似簡單的圖像其實一點都不簡單。

這就是爲什麼自學指南沒多大用處。在某些情況下，書本裡的訣竅與技巧或許有點功效，但如果不能深入了解人們如何學習與記憶，就只能盲目地照著書本上的步驟如法炮製，永遠弄不懂那些辦法爲什麼有效或無效。正因如此，我們付出的努力通常就像我姪女畫的馬：只能模仿表面的簡單線條，沒有能力根據當下情境的演進與變遷，適度調整、改編或內化習得的技巧。

我經常拿烹飪做比喻。如果我給你一份內容詳盡的逐步食譜，讓你烤一塊蛋糕，我相信你輕而易舉就能做到。打三顆雞蛋，倒入奶油混合，加點全脂牛奶，再拌一點麵粉進去……相當簡單。可是萬一你家裡沒有雞蛋呢？或者你對牛奶過敏？假使你不能深入了解每一種食材的作用，也不知道各種食材之間如何相互影響，你很容易就卡關，不知道該怎麼針對家裡廚房的現有條

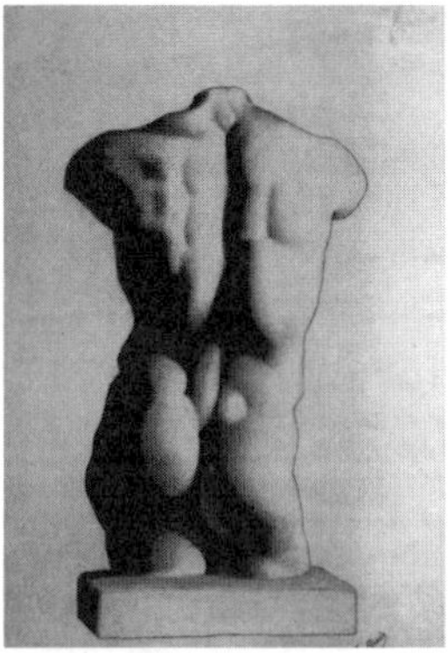

人物素描
十二歲

肖像畫
十五歲

表現主義
二十二歲

立體派
二十三歲

新古典
四十二歲

超現實主義
六十四歲

圖②：畢卡索的各種風格

件、個人的口味或需求修改食譜做出成品。

想提升教學效果，我們就不能滿足於簡單的方法，而要進一步理解方法爲什麼有用，背後隱藏什麼樣的原理。換句話說，我們必須變成教學的畢卡索。

這就是我寫這本書的目的。我會探索腦科學研究，深入分析各種心理現象，再運用一些有趣的實驗，向你說明十二個關於人類如何思考、學習與記憶的核心觀念。我的目的除了幫助你運用這些觀念，也要你深刻了解它們，確保不管在什麼樣的狀況或環境裡，你想傳達的知識都能眞的被理解、記住，也能發揮效用。

在我們開始以前，有兩件事你可能得先知道。

首先，我們探討的觀念是學習的基本原理，它們本身都有雄厚的腦科學與行爲科學研究做後盾。我這裡說的「研究」，指的不是某個一九七〇年在西伯利亞荒野以老鼠爲對象的無名實驗，而是幾十年來科學界辛苦研究、明確定義、反覆驗證的實驗成果。基於這個理由，我不希望你只聽我的一面之詞。本書末尾附有一個連結，方便你上網找到豐富的參考資料。不管你想深入探索哪個主題，都可以在那裡找到充足資訊。

其次，不管我在課堂、小組或工作團隊教學，我都秉持一個原則：如果我無法讓學習的人體驗我在討論的觀念，代表我自己還沒透澈理解那個觀念。我也在這本書裡運用這個原則。因此，你會發現我在版面與格式上做了某些看似隨興的安排。那些東西雖然顯得怪異，難以理解，我向你保證，每個安排背後都暗藏特定的學習目標。我安插的圖像、詞語或遊戲乍看之下也許讓人一頭霧水，等你讀完整本書，所有的疑惑都會豁然開朗。

好啦，如果你成天對同事和客戶說同樣的話，厭倦到想吐；如果你反覆不斷訓練你的運動員或學生，卻始終看不到一點進步，幾乎心灰意冷；如果你在台上挖空心思做簡報，底下聽講的人卻轉頭就忘，害得你懷疑人生，那就吃顆定心丸。

別光是說，展現你的教學力吧！

1

文本和口語

閱讀即是靜默的對談，除此無他。

——查爾斯・蘭姆（Charles Lamb）

想像現在是星期五晚上，你跟朋友坐在擁擠的酒吧，兩人各自點了杯貴森森的精釀啤酒。周遭的人扯著嗓門暢談過去這一星期的大小事，環境嘈雜不休。不過，儘管整個酒吧鬧哄哄，你們卻還能維持脈絡清晰的對談。沒錯，身邊幾十個人同時在說話，你們可能得大聲嚷嚷，對方才聽得見，可是你輕易就能鎖定目標，聽懂你朋友的話。

接著想像現在是星期三下午，你與同事圍坐在大型會議桌旁，在你的人體工學滑輪辦公椅上輕輕搖呀晃的。有個人在前面做簡報，PowerPoint 投影片上滿是標題、要點和參考文獻。簡報的人肯定知識豐富幽默風趣，可是不管你怎麼努力，卻好像始終沒辦法專心，很難理解簡報內容。

表面上看來，以上兩種假想情境可說天差地別，但如果我告訴你，你在熱鬧的酒吧之所以還能跟人順暢談天，原因就跟你記不住簡報大多數內容相同，你會怎麼想？要了解這兩種情境之間的相關性，你只需要把注意力轉移到你此時此刻正在做的事：閱讀。

閱讀的祕史

我們傾向認為閱讀主要是一種無聲活動。除了偶爾的輕聲咳嗽或尷尬竊笑，圖書館給人的印象向來不是喧譁場所。

圖③：酒吧與簡報

因此，當你知道無聲閱讀並非自古皆然，可能會覺得詫異。事實上，在第七世紀末以前，大聲朗讀是最普遍的閱讀方式。古代的圖書館並不是寧靜安詳的避風港，反倒可能充滿喋喋不休的話語，因爲就連個別讀者也會對自己念念有詞。過去的時代無聲閱讀太稀有，聖・奧古斯丁因此認爲値得在他影響深遠的著作《懺悔錄》裡一提。「安波羅斯讀書的時候，他的眼睛掃視一行行文字，他的心靈搜尋那些文字的意義，他的嗓子和舌頭都靜止不動。經常……我看著他默默地閱讀——其實從沒見過他閱讀時發出聲音——不禁自問：他爲什麼用這種方式閱讀？」

古代文字的書寫方式有助於有聲閱讀的發展說得更明確點古代文本單字與單字之間沒有空格沒有標點符號也沒有大寫字母事實上如果你走一趟住家附近的圖書館或博物館可能會找到很多以這種方式書寫的古希臘與拉丁文手稿

這種書寫方式名爲「連書」（scriptura continua），它證明閱讀主要是一種口頭活動。如果文本是拿來大聲朗誦的，那又何必使用空格、標點符號或大寫？要了解這話的意思，只要回頭大聲念出上一段文字：你可能會發現，即使你只有一丁點或完全不刻意，語言裡的很多面向，比如速度、抑揚頓挫或意圖，都自然而然在你的話聲中流露出來。

閱讀是一種有聲活動，如果你覺得這個概念怪異或古老，只要看看四周：現代文明裡到處都看得到這種概念的傳承。大學課程（lecture）的基本型態就是某個人對一群聆聽者大聲讀出重要資訊（事實上，法文的 lecture 字面意思正是「閱讀」）。教會的儀式通常是某個人大聲對會眾閱讀。科學研討會、政治演說，甚至每週進度會報，都是根據古代個人在公共場合對群眾朗讀的模式演變而來。

到了第八世紀初，愛爾蘭修道士開始在字與字之間留出空格。後來這個潮流傳播到歐洲各地，無聲閱讀也隨之興起。所以，多虧一群古代修道士，你可以放心品讀這本書接下來的內容，不需要大聲念出來……

……真是這樣嗎？

只要稍加思索，就知道「無聲」閱讀這個概念不完全正確。你讀這個句子的時候，如果把注意力收回來，留意你大腦裡的狀態，很可能會立刻發現你聽見某個聲音。或者，更準確地說，聽見某個人的聲音。

有個聲音發自你大腦深處，隨著你的視線讀出每個字。你聽見的十之八九是你自己的聲音，但未必總是如此：

「我吃掉他的肝，配點蠶豆和上等奇揚地葡萄酒。」

「我沒有跟那位女士發生性行為。」

「那是個人的一小步，人類的一大步。」

假使你熟悉這幾句話，那麼你讀的時候很可能會聽見霍普金斯令人背脊發涼的清晰口吻、柯林頓慢條斯理的自信語氣，以及阿姆斯壯伴隨雜訊的聲音。原來，我們讀的文字如果跟某個特定的人有強烈連結，我們就會聽見他或她的聲音（當然，這種現象只限於我們對寫那些文字的人夠熟悉。我在想，此時此刻聽見我聲音的人，大概只有我母親。嗨，媽！）

很顯然，無聲閱讀原來並非無聲。可是，對於本章主題，這有什麼重要的嗎？為了弄明白我

圖④：他絲滑的男中音活在你腦裡

爲什麼帶著你旋風似的回顧閱讀歷史，我們需要暫時換個檔，探討另一個看似無關的話題。

事倍，功半

實驗一

做這個實驗你需要兩種口語的聲音來源（我發現最便利的組合是一台電視加一台收音機）。

1、打開電視，找個「人頭在說話」的節目。內容不重要，可以是新聞報導，可以是運動論壇，可以是天氣預報，只要找個有人說話的頻道就行。

2、打開收音機，轉到某個調幅電台的「談話」節目。同樣地，有人說話就好，內容無所謂。

3、你的目標是同時聽懂電視和收音機裡的人各自在說什麼。試試吧……

你可能會發現你辦不到（而且覺得煩躁）。或許你也發現你能夠聽懂電視裡的人說的話，但你必須忽略收音機的聲音才能辨得到。或許你還發現你能察覺得到你的注意力在兩種聲源之間「跳接」的時刻，幾乎就像你腦子裡有個實體開關。

科學家稱這種實驗爲雙耳分聽（dichotic listening），它證明我們雖然可以同時聆聽很多人說話，同一時間卻只能眞正理解一個人的說話內容。重點來了：我們想要同時聽懂兩串不同的口語（如上述實驗），結果卻是什麼都聽不懂！那有點像同時觀看兩集你最喜歡的電視劇：雖然兩集內容彼此相關（同樣的人物、同樣的音樂、同樣的劇情），你的注意力可能會被迫快速來回移轉。你這麼做的時候，很容易就會錯過兩集的重要訊息。一段時間以後，你看過的內容變得支離破碎、沒有意義，你只覺得不確定又困惑（剛才說這個人是誰來著？她爲什麼突然發脾氣？等等，艾德・史塔克上哪兒去了？）

要了解雙耳分聽爲什麼行不通，我們需要快速參觀一下我們的大腦。

我們的大腦有三個主要區域幫助我們理解口說語言。第一個是聽覺皮質區（auditory cortex）。這個部分負責處理聲音的基本特性，比如音調與音量。重點在於，你的大腦兩邊都有這個區域。這就是爲什麼剛才的實驗裡你能同時聽見電視和收音機的聲音：你的大腦有足夠的神經資產，可以輕而易舉處理來自左右耳的聲音。當然，實驗的目標不只是聽見兩種聲源，而是理解那兩串聲音訊息。

下一個幫助我們理解口語的區域是布洛卡／威尼克網絡（Broca/Wernicke network）。這個區域處理並理解口說語言。重點在於，這個網絡只存在你大腦的單側（大多數人在左側）。意思是，雖然口說語言的基本聲音一開始是在大腦的左右兩側處理，最後還是得匯集到這個單一腦部網絡。相信你已經猜到了，這很容易形成瓶頸。

負責控制這個瓶頸的，是大腦協助我們理解口說語言的第三個區域：左額下迴（left inferior frontal gyrus）。我們同時聽兩個人說話時，一般認爲這個區域有效攔阻其中一個聲音，允許另一個聲音通過布洛卡／威尼克瓶頸。這就是你在實驗裡可能感受到的那個「開關」。基本上，當你的注意力在電視與收音機之間來回跳動，你的左額下迴也忙著輪流攔阻兩道聲音訊息。

我經常把這個瓶頸想像成幾十個趕路的旅客爭相擠進機場的安檢隊伍。這個比喻有個地方不恰當，因爲只要時間足夠，所有旅客最後都能順利通關，搭上各自的飛機。然而，布洛卡／威尼克網絡卻不是這樣。當下沒能通過瓶頸的資訊徹底消失，沒有備份、也沒有等待區。事實上，被左額下迴擋駕的口說語言永遠消失了，你再也無法取得或處理那些訊息。

好了，我們來整理一下。

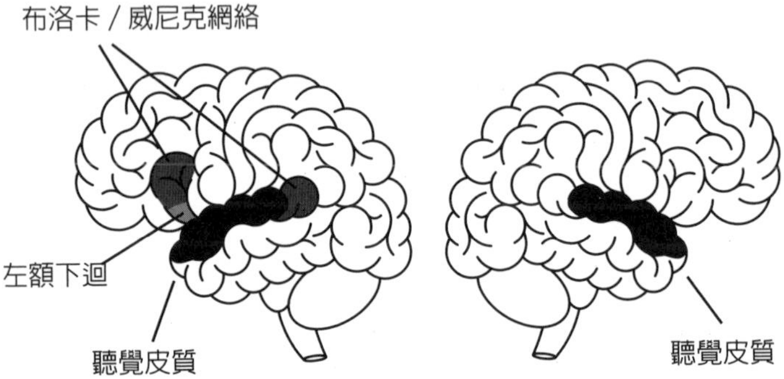

圖⑤：你的大腦聆聽口語

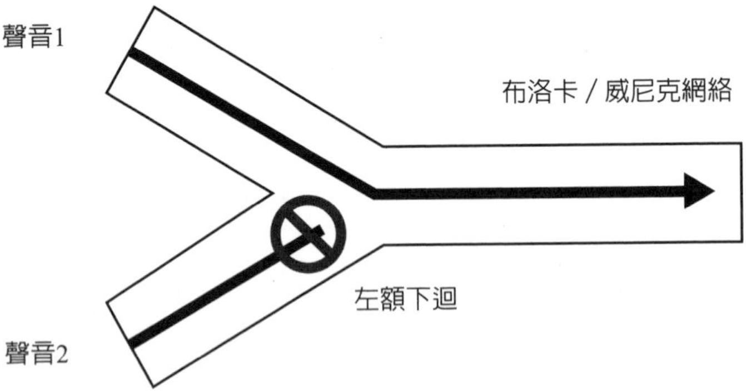

圖⑥：布洛卡／威尼克瓶頸

雙管閱讀？

實驗二

做這個實驗你需要一個播放口語的聲音來源（一台電視就夠了），以及一份讀物（提示：你現在手上拿著的就是！）

1、打開電視，找到「人頭在說話」的節目。如同上一個實驗，內容不重要，只要找到某個人在說話的節目就行。

2、打開你的讀物，翻到你不太熟悉的一頁（你可以翻到這本書任何你還沒讀過的段落）。

3、你的目標是一面聽電視、一面默讀這本書，還要同時理解這兩串訊息。試試吧……

現代人生活忙碌，我們很多人善用零碎時間閱讀：通勤電車上、人來人往的咖啡館、銀行排隊時。因此，我們都習慣在嘈雜的環境閱讀，也不至於無法理解讀到的內容。可能就是因爲這樣，很多人發現我們沒辦法一面理解閱讀的內容、一面聽懂別人正在說的話時，會感到震驚。

要了解背後的原因，我們再回到大腦：

看看圖⑦，覺得哪裡眼熟嗎？

閱讀的時候，最先活化的區域是視覺皮質（visual cortex）。大腦的這一區負責處理我們看見的純視覺特質：比如顏色、輪廓與動作。閱讀時這一區活躍起來非常合理，因爲你閱讀之前一定得先「看見」文字。

有趣的來了。幾乎就在視覺皮質活化之後，聽覺皮質與布洛卡／威尼克網絡也同時啓動。爲什麼無聲閱讀時大腦的口語區也會啓動？簡單：歷史上從口頭閱讀轉換爲無聲閱讀，並不是眞正的轉換，只是把文字轉語言這個動作從聲帶移進大腦。換句話說，你的大腦處理你無聲閱讀的聲音的方法，跟它處理眞正大聲說出來的言語幾乎沒有差別。基於這個原因，想一面閱讀、一面聽

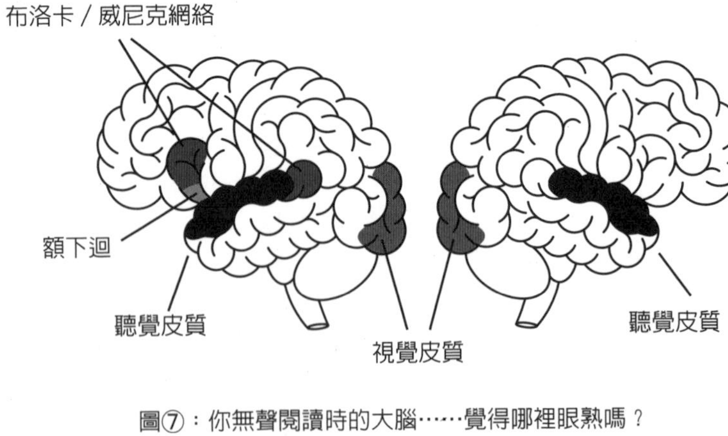

圖⑦：你無聲閱讀時的大腦……覺得哪裡眼熟嗎？

人說話，跟同時聽兩個人說話一樣——根本不可能！

我再說一次：你不可能一面理解你在讀的文字，同時聽懂你聽見的口語。

這就是本章開頭那兩個假想情境背後的原理。在喧鬧的酒吧聊天時，你的聽覺皮質瘋狂地處理從四面八方湧進你耳朵的無數說話聲。然而，你的左額下迴會辨識出你朋友的聲音，將它傳送到布洛卡／威尼克瓶頸，因此你才能理解。

因此，雖然你可以同時聽見幾十種相互抵觸的聲音，一旦你選定其中一種加以理解，其他訊息全都變得毫無意義。

同樣地，在員工會議上，簡報的人站在文字密密麻麻的 PowerPoint 投影片前說話。你的聽覺皮質忙得不可開交，既要處理說話的人的聲音，也要處理你自己默讀的聲音。問題就出在瓶頸：你必須決定讓哪一串訊息通過你的布洛卡／威尼克網絡。

前面說過，如果你決定選擇某一串訊息（比如你自己默讀的聲音），你就能充分理解讀到的內容，但說話的人的聲音就會被攔下來，變成無意義的噪音。然而，更常見的情況是，我們希望盡量接收所有訊息，也就是看一下幻燈片，聽一下說話的人，往返來回。這就像同時觀看同一齣電視劇不同的兩集，只要我們這麼做，我們對那兩串訊息的理解就會受到嚴重影響。

這就是爲什麼人們聽完 PowerPoint 簡報後，經常比還沒聽以前更茫然。

給領導人、教學者與教練的提示

1、投影片不使用（或只用極少）文字

不管你喜歡不喜歡，如今的會議室、教室或球員休息室是投影片當道。遺憾的是，很多人只是把這些工具當成小抄卡的懶人替代品，在每一張投影片裡填滿大量文字（「如果我忘了提到某個重要話題，聽講的人可以在我背後的投影片裡讀到。」）

現在你應該已經明白這種做法為什麼沒用。正如你沒辦法邊讀這本書邊聽電視，台下的人也沒辦法邊讀投影片邊聽你說話：某些東西一定會在布洛卡／威尼克瓶頸被阻擋、消除。結果會怎樣？聽講者的注意力通常會在你與投影片之間轉換，因此錯過兩邊的重要訊息。事實上，不少研究證實，以單一方式（口頭或書面）接收訊息的人，在理解與記憶方面的表現，總是優於同時以兩種方式（口頭及書面）接收訊息的人。

因此，下回你做簡報的時候，別在PowerPoint投影片裡放太多文字（假如你擔心記不住簡報過程中想討論的所有重點，不妨製作一系列方便拿在手上讀的小抄卡）。

等一等，如果在投影片裡置入文字會妨礙學習，那麼我們該在投影片放些什麼來增進學習效果？這個我們下一章再討論。

緊迫問題一：關鍵字

「如果投影片裡有一些字，但不多呢？比如說，我能不能在投影片裡放些關鍵字？」

有趣的是，我們只有在連續閱讀大量文字，比如完整的句子、段落或塞滿文字的投影片，才需要在腦海裡把書面文字轉換爲口說語言。如果讀的是少量非常熟悉的文字，我們不需要在心裡默念，可以直接理解它們的意思。

基於這個理由，在每張投影片裡放進極少量的關鍵字（通常不超過七個字），也許不至於干擾聽講者聽你說話。然而，就像上面說的，下一章我們會探討哪些附加教材可以幫助聽講者理解簡報內容。

「如果投影片上的文字跟我口頭說的內容一模一樣呢？還是會造成干擾嗎？」

簡單回答：會。

原因跟速率有關。一般人說話的速度大約每分鐘一百三十字，閱讀的速度則約每分鐘二百二十字。閱讀能力超強的人最高可以達到每分鐘一千字，也就是說你們某些人讀完這章的時間比沖一杯茶來得短。

這麼一來，聽講者同時接收到內容一致的口語和書面文字時，通常會超前閱讀，或閱讀順序跟演講人不同。這種現象一旦發生，我們就回到老問題，默讀時產生的字音和口語的聲音衝突，造成瓶頸。

除了干擾之外，人們很久以前就知道，直接大聲讀出投影片文字的做法會讓聽講者感到挫折與乏味。事實上，簡報的人口述的內容如果跟投影片上一模一樣，聽講者不如把投影片內容帶回家，坐在沙發上安靜地閱讀，學習成效反而更好。顯而易見，這種習慣必須不計代價避免。

文字文字
文字 文字 文字 文字
文字 文字 文字
文字 文字
文字 文字 文字
文字 文字 文字 文字
文字 文字 文字 文字
文字 文字 文字 文字
文字 文字 文字 文字
文字 文字 文字 文字
文字 文字 文字 文字

圖⑧：別這麼做

2、講義不使用（或只用極少）文字

演說、講課或訓練課程時，主講者常會提供聽講者講義，作爲口頭報告的補充。可惜的是，如果這些講義包含文字，就會發生跟上面一樣的問題。聽講者如果想邊聽邊讀講義，就得暫時不理會說話的人。相對地，專心聽講的時候，他們也不可能有辦法讀講義。所以，等演說完畢之後再提供以文字爲主的講義。如果你口頭演說過程中必須使用到講義，別忘了關鍵字的字數限制（見第十七頁），再讀下一章提供的其他方法。

3、鎖定演講者

我們知道簡報時不適合使用以文字爲主的投影片或講義……可是我們聽某個沒學過這個概念的人做簡報時又該怎麼辦？你現在已經明白，爲了從簡報中獲取最大的學習成效，你必須專注其中一種，始終如一。可是該選哪一種？

我的建議（我必須承認這只是觀察所得）是注意力永遠鎖定演講者。投影片是固定的，從這一分鐘到下一分鐘不會改變，簡報的人卻會針對聽講者的情緒隨機應變，說些投影片上沒有的故事、岔開話題或即席評論，藉此增添一點趣味。基於這個原因，你從演講者身上得到的資訊會比他們提供的文字更切題、更連貫，或者純粹更多。

如果你眞的擔心錯過關鍵重點，等簡報結束後再向主講人索取投影片副本也不遲。這麼一來，你可以安穩地在家裡讀那些投影片，好好理解吸收。

緊迫問題三：抄筆記

「那麼抄筆記呢？聽口頭簡報時抄錄文字會不會觸發布洛卡／威尼克瓶頸？」

有趣的是，這個問題的答案取決於筆記的類型。

筆記可以分爲兩種截然不同的類別：表淺與深度。抄寫表淺筆記時，目標只是盡量記下最多內容，基本上就是快速抄錄演說的全部內容。幸運的是，這種抄筆記方式好像不會造成瓶頸，所有送進你耳朵的聲音都可以轉錄在紙頁上。

問題在於：你抄寫表淺筆記時，幾乎吸收不到任何東西。以法庭速記員爲例，他們抄筆記功力驚人，每分鐘可以輸入至少三百個英文字，就算是最混亂的審判過程，他們也幾乎能逐字逐句記下每個人說的話。然而，如果你問他們某個特定案件的細節，他們通常只對審判過程有個模糊印象，不了解案件主要內容或案件本身的意義。這是因爲我們抄寫表淺筆記時，唯一重要的東西是口語的聲音與次序，而不是那些言語背後的意義或故事。

相反地，抄寫深度筆記時，目標放在理解並組織口說語言，從中引申出更深層的意義。這種筆記通常看起來有點混亂，字跡潦草、東牽西連又塗塗畫畫。可惜的是，做這類型筆記時，瓶頸現象又會出現：你在組織你草草書寫的文字時，演說者的話語變成背景噪音。

接二連三的研究證實，即使抄寫深度筆記可能觸發瓶頸現象、簡報過程中接收到的訊息量因而減少，這種方式的筆記卻有助於理解並記憶抄錄下來的那些概念。換句話說，雖然你學到的可能比較少，效果卻比較好。因此，抄寫筆記時務必記下你覺得值得記住的重要觀念。

這就引出第二個重要議題。很多人聲稱用電腦記筆記的效果不如使用傳統的紙筆。眞相是，問題不在工具本身，而在哪一種工具利於抄錄哪一類型筆記。很多人鍵盤輸入的速度遠比手寫快得多，因此，電腦更便於抄寫表淺筆記：人們運指如飛打出

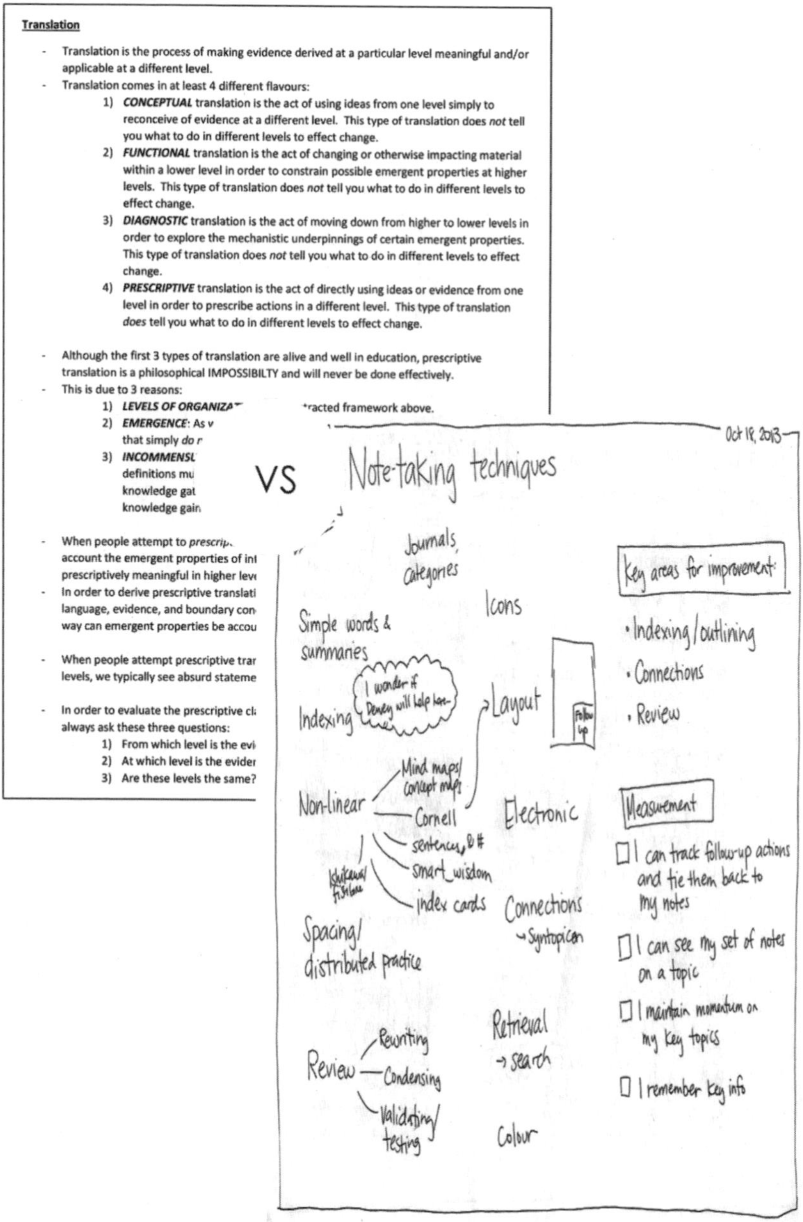
Translation
Translation is the process of making evidence derived at a particular level meaningful and/or applicable at a different level.
Translation comes in at least 4 different flavours:
1) CONCEPTUAL translation is the act of using ideas from one level simply to reconceive of evidence at a different level. This type of translation does not tell you what to do in different levels to effect change.
2) FUNCTIONAL translation is the act of changing or otherwise impacting material within a lower level in order to constrain possible emergent properties at higher levels. This type of translation does not tell you what to do in different levels to effect change.
3) DIAGNOSTIC translation is the act of moving down from higher to lower levels in order to explore the mechanistic underpinnings of certain emergent properties. This type of translation does not tell you what to do in different levels to effect change.
4) PRESCRIPTIVE translation is the act of directly using ideas or evidence from one level in order to prescribe actions in a different level. This type of translation does tell you what to do in different levels to effect change.
Although the first 3 types of translation are alive and well in education, prescriptive translation is a philosophical IMPOSSIBILTY and will never be done effectively.
This is due to 3 reasons:
1) LEVELS OF ORGANIZA
tracted framework above.
2) EMERGENCE: As v
that simply do r
3) INCOMMENSU
definitions mu
knowledge gat
knowledge gain
When people attempt to prescrip
account the emergent properties of int
prescriptively meaningful in higher leve
In order to derive prescriptive translati
language, evidence, and boundary con
way can emergent properties be accou
When people attempt prescriptive tran
levels, we typically see absurd stateme
In order to evaluate the prescriptive cl
always ask these three questions:
1) From which level is the evi
2) At which level is the evider
3) Are these levels the same?
VS
Oct 18, 2013
Note-taking techniques
Journals, categories
Icons
Key areas for improvement:
• Indexing/outlining
• Connections
• Review
Simple words & summaries
I wonder if Dewey will help here
Indexing
Layout
Follow up
Non-linear
Mind maps/ concept maps
Cornell
sentences, @#
smart_wisdom
index cards
Ishikawa/ fishbone
Electronic
Measurement
☐ I can track follow-up actions and tie them back to my notes
Spacing/ distributed practice
Connections → Syntopicon
☐ I can see my set of notes on a topic
☐ I maintain momentum on my key topics
Retrieval → search
Review
Rewriting
Condensing
Validating/ testing
☐ I remember key info
Colour

圖⑨：表淺與深度筆記

他們聽見的每個字，純粹是因爲他們辦得到。相反地，手抄筆記更適合用來抄寫深度筆記：人們在大腦裡處理並組織資訊，只因他們知道自己沒有能力逐字抄錄。

因此，用電腦記筆記原則上沒什麼不好，只是那些筆記通常流於表淺，學習效果當然也就差一點。手抄筆記基本上也沒什麼不好，只是這類型筆記似乎需要深度整理，因而增進學習效果。

4、數位化文本與口語沒有差別

設計數位課程或個別指導內容時，通常會納入書面與口語元素。只要使用者能夠掌握這些功能，可以隨心所欲開啓或關閉，這可能會是絕佳的設計方法。只是，如果這些功能只是胡亂拼湊而成，口語和書面文字同時出現，不顧使用者的喜好，問題就來了。

你現在應該猜得到，單一課程同時納入書面和口語素材，即使這兩種素材內容毫無二致，仍然會削弱對課程內容的理解與記憶。有鑑於此，最好設法讓使用者自行管理、控制或存取書面與口語素材。

另外，如今很多網站除了較爲普遍的文字教材之外，都會加入聲音與影像元素。同樣地，這會強迫使用者選擇專注在書面或影／音訊息。因此，附帶提供音訊選項無妨，但必須明顯區隔。不妨以彈出畫面或另設標籤方式置入音訊或影片，這麼一來使用者才能全心全意觀看視聽教材，不受書面元素的干擾。

【重點整理】

閱讀文字的同時沒辦法聆聽他人說話。

・無聲閱讀並非寂靜無聲。

・由於布洛卡／威尼克瓶頸的關係，人們一次只能理解一串口語訊息。

・在閱讀書面文字與聆聽口說語言之間快速切換，會減損對兩種訊息的記憶。

【應用】

1、投影片不使用（或只用極少）文字。

・關鍵字無妨（通常不超過七個字）。

・即使書面文字和口語內容一致……我們還是會碰上老問題。

2、講義不使用（或只用極少）文字。

3、鎖定演講者。

・表淺筆記會削弱學習效果。

・深度筆記有助於學習。

・電腦適用於表淺筆記。

・紙筆適用於深度筆記。

4、數位化的書面文字與口語也是一樣。

2

圖像和口語

我們只能聽見並理解我們已經有點熟悉的東西。

——亨利・大衛・梭羅（Henry David Thoreau）

阿巴合唱團。

〈舞后〉。

我黯然承認，除了青少年某段短暫時期，這首歌一直是我的最愛。事實上，九〇年代中期我至少聽它三百次以上，那段時間裡我毫不懷疑地認定這首歌的第一句歌詞是：「你可以跳舞，可以死亡（die），盡情享受你的人生。」坦白說，我確實經常覺得這句歌詞有點毛，可是拜託……他們是阿巴合唱團……不然咧？

直接跳接到今年初。我上班時逛YouTube，無意中看見〈舞后〉的原版錄影帶。我跟這首歌雖然有多年淵源，卻只聽過阿巴演唱，現在我眞的可以看阿巴唱。

我按下播放鍵，滿心期待音樂帶我回到青春少年時……我這才看見。兩位歌手唱出那句歌詞時，明顯都噘起嘴唇，做出確切無疑的「J」唇形。有生以來第一次，我聽見正確的歌詞：「你可以跳舞，可以搖擺（jive）。」這首歌自始至終都跟死亡沒關係，從來都只談跳舞（事後想想，這合理多了）。

那麼問題出在哪裡？親眼看見某人唱歌，爲什麼可以改寫二十年來聽那首歌的記憶？

用眼睛聽，用耳朵看

我的〈舞后〉災難正是麥格克效應（McGurk Effect）的眞實版。麥格克效應是一種心理學現象，說明我們看見的畫面如何左右我們聽見的聲音。

如果你參與典型的麥格克實驗，情況會是這樣：你坐在電腦螢幕前，看著螢幕裡的人用誇張的唇形發出「baba」的音，同一時間聽見揚聲器播出同樣的字音。大約每隔一秒你會聽見一次：「baba……baba……baba」。

突然間揚聲器播送的聲音持續不變，螢幕上的人開始發出不一樣的字音。這回他不是抿住雙唇的「ba」唇形，而是刻意把門牙扣住下唇，誇張地做出「fa」唇形。

事情就這樣發生了。

現在你聽見的不再是一直聽見的那個「b」音，而是柔和多了的「f」音。雖然你知道聲音一點也沒變，耳朵卻開始聽見「fa……fa……fa」。

你認爲一定是做實驗的人在耍你，於是閉上眼睛。螢幕上的臉消失以後，揚聲器播出的聲音清清楚楚變回一直以來的「baba」。可是你一睜開眼睛，重新盯著那人的臉，聲音又變成「fafa」。

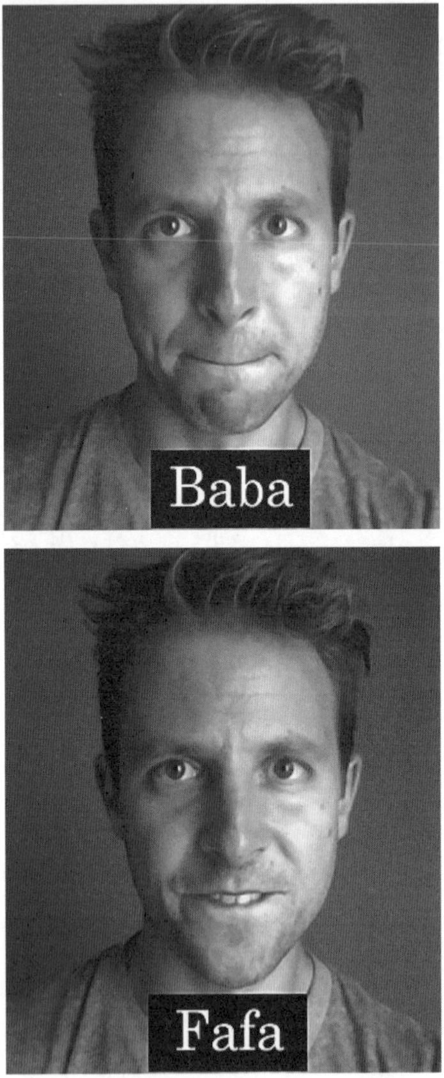

圖⑩：麥格克效應

很多人似乎願意接受視覺可以驅動聽覺（也許是因爲聲波通常「看不見」，相較之下，眼睛看見的事物比較具體）。然而，如果你發現這並不是單向關係，可能會有點震驚。我們可以找到很多視覺影響聽覺的實例，其實聽覺驅動視覺的案例也不遑多讓。

最著名的例子也許是所謂的夏姆斯錯覺（Shams Illusion）。如果你參與典型的夏姆斯實驗，一開始的情境會類似上面的麥格克實驗。你坐在空白的電腦螢幕前。突然間，揚聲器不規則發出響亮的「嗶」聲，同一時間有個小圓圈在螢幕上快速閃現又消失。

偶爾揚聲器會迅速連續發出兩聲「嗶」，螢幕上也有兩個小圓圈迅速閃現又消失。就這麼簡單，你聽見一聲「嗶」，看見一個小圓圈；聽見兩聲「嗶」，看見兩個小圓圈。稀鬆平常。

當然，這都是錯覺。不管揚聲器發出幾聲「嗶」，螢幕上閃現的圓圈始終只有一個，自始至終都沒出現過兩個圓圈。但你會斬釘截鐵地說，你聽見兩聲「嗶」的時候，看見的是兩個圓圈。這其實是麥格克效應的反面。先前你看見的畫面改變你聽見的聲音，在這個錯覺裡，你聽見的聲音改變你看見的畫面。

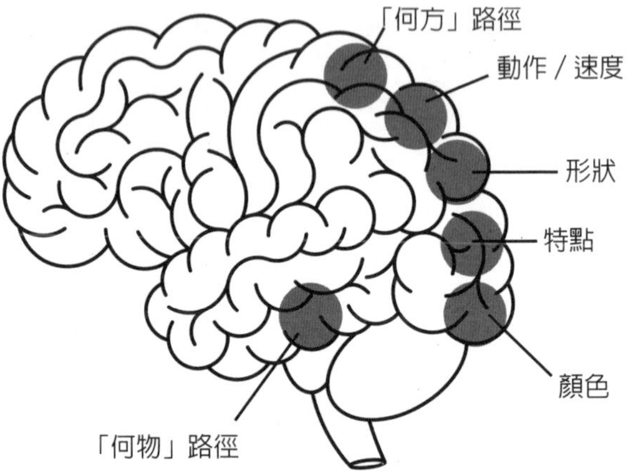

圖⑪：你的視覺腦

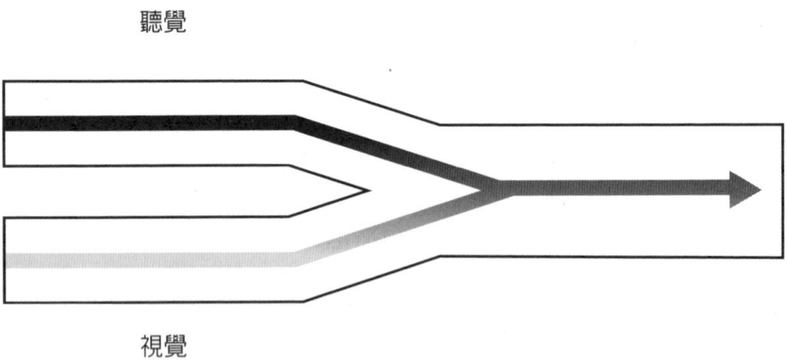

圖⑫：所見與所聽任意混合，沒有瓶頸！

生態變遷

我們所見和所聽之間顯然有強烈的一體關係，可是這些是怎麼運作的？

上一章我們學到，我們聽見聲音時，這筆訊息最先由大腦兩側的聽覺皮質處理。

相反地，我們看見某些事物，這筆訊息先由大腦後側的視覺皮質處理。這一大片神經可以分成幾個明顯不同的區域，各自處理我們所見事物的不同面向。比方說，我們看見鳥在飛，視覺皮質區的不同區域分別處理鳥的輪廓、鳥的顏色、鳥的動作等等。

早先我們學到，同時傳送兩串訊息進入單一管道會造成瓶頸，導致訊息流失。幸運的是，聽覺與視覺各自運用不同的處理管道。這點不但排除了一切瓶頸，甚至允許我們將所聽與所見融合爲單一的穩定訊息。這個過程就是所謂的感覺統合（sensory integration）。

重點在於，感覺統合不是加法進程（A＋B＝A與B），而是生態進程（A＋B＝C）。舉例來說，想像你把十幾隻外來種甲蟲放進生態相當平衡的花園。結果不會是同一個花園多出甲蟲。相反地，新來的甲蟲會改變一切：食物鏈、土壤裡的養分、生存條件。聽覺和視覺也是一樣。我們聽見的東西與我們看見的東西結合時，確確實實會出現全新的實物。也許沒有其他進程比這個更適合用來闡釋「整體大於它的部分的總和」這句話。

我們來看看這在真實世界裡代表什麼。

三名好友每週六晚上定期聚會。傑瑞和凱西來到凱倫家的時候，凱倫坐在她的房間裡寫note（備忘事項）。她連忙gathers the cards and stands up（收拾卡片站起來），去門口迎接好友。他們跟著她走進客廳。一如往常，他們沒辦法決定這回要play（玩）什麼。最後凱西takes a stand（拿定主意），於是他們開始了。早先凱西留意到凱倫的hand（紙牌），看見很多diamonds（方塊）。時間愈來愈晚，他們play（玩牌）的節奏愈來愈緊湊。最後凱倫說，「我們來聽聽score（總分）。」他們仔細聽了之後，評論各自的performance（成績）。結束以後，凱倫的朋友回家去了，雖然疲倦卻很開心。

圖⑬：解讀一第一部分
（靈感來自安德森等人一九七七年的研究）

解讀

我先簡單說明一個棘手問題：接下來幾個部分我要演示聽覺與視覺如何合併產生意義。在這方面，我不是百分之百確定書本是執行這個任務的最佳媒介。然而，我們在第一章已經學到，閱讀書面文字近似於聆聽口說語言。因此，儘管我們使用的例子不盡理想，應該還是足以傳達基本論點。

現在我要請你看看圖⑬，再讀裡面的文字。

再說一次，別忘了這裡以閱讀取代聆聽。我猜你會發現圖片裡的文字簡單易懂，單純只是描述三五好友週末聚在一起玩紙牌。合情合理。

現在我要你看看圖⑭，讀讀裡面的文字。

同樣的故事，同樣的文字，同樣的聲音進入你的耳朵，搭配的圖片卻改變你對這段聲音訊息的解讀。圖像改變以後，諸如 note、score 和 performance 這些字突然有了截然不同的意義。同樣地，「她連忙 gathers the cards and stands up」和「play 的節奏愈來愈緊湊」這兩句話也引起全新的共鳴。重要的是，這種交互作用是雙向的：你聽見的聲音（此時此地是閱讀時的聲音）會影響你如何解讀視覺影像。在第一組圖文裡，你可能會認為凱西是其中一位男士的名字，也會特別注意凱倫那一手方塊同花。相反地，在第二組圖文裡，你可能會認為凱西是其中一位女士的名字，

三名好友每週六晚上定期聚會。傑瑞和凱西來到凱倫家的時候，凱倫坐在她的房間裡寫note（音符）。她連忙gathers the cards and stands up（整理好卡片和譜架），去門口迎接好友。他們跟著她走進客廳。一如往常，他們沒辦法決定這回要play（演奏）什麼。最後凱西takes a stand（拿出譜架），於是他們開始了。早先凱西留意到凱倫的hand（手），看見很多diamonds（鑽石）。隨著時間愈來愈晚，他們play（演奏）的節奏愈來愈緊湊。最後凱倫說，「我們來聽聽score（演奏結果）。」他們仔細聽了一下，評論各自的performance（表演）。結束以後，凱倫的朋友回家去了，雖然疲倦卻很開心。

圖⑭：解讀—第二部分
（靈感來自安德森等人一九七七年的研究）

並且特別注意凱倫左手的戒指。

這就是我稍早提到的生態進程。當資訊進入你的眼簾，會改變你處理並解讀進入你耳朵的訊息。同樣地，當訊息進入你的耳朵，也會改變你處理並解讀進入你眼簾的資訊的方式。整體大於它的部分的總和。

理解

同樣地，別忘了我們不得不以閱讀代替聽覺，請讀以下的文字。

假使氣球破掉，聲音就傳送不到，因爲所有東西都離目標樓層太遠。假使窗子關著，也會阻斷聲音的傳送，因爲如今的建築物都有良好的隔音效果。另外，這次行動還得仰仗穩定的電流。所以萬一電線斷了，也會造成問題。當然，那個人可以大聲喊，可是人類的聲音傳不了那麼遠。另一個問題是，那人使用的器具可能會斷線，那麼訊息就少了陪襯。很顯然，最好的狀況就是拉近距離，那麼潛在問題就會少得多。如果能面對面接觸，出錯的機率就會減到最低。

如果你跟大多數人一樣，可能會覺得哪裡不對勁。基本上，這段文章裡的字詞還算淺顯易懂，可是它們在表達什麼？那些字詞的意思很清楚，卻沒有任何線索將它們串成有條理的觀念。事實上，如果我來考你剛才讀到了什麼，你也許只能約略想起這個或那個，整體來說你的表現可能不會太好。

現在再看看圖⑮。

突然間，剛才那段文字眞相大白。加入視覺資訊後，你聽見的內容有了生命：特定細節被突顯出來，模式呈現，前後連貫。先前你能夠閱讀那些文字，現在你眞正理解它們。

跟先前一樣，這也不是單向關係：如果我先讓你看圖片，沒有搭配聲音／文字，你可能會覺得圖片挺可愛，卻看不出個所以然。配上那段文字後，某些細節突然顯得特別重要（連接地面的主機與揚聲器的電線；唱歌的人和那女人之間的樓層差距），另一些細節則會退到背景裡（天上的月亮；城市的建築物），你終於充分理解其中涵義。

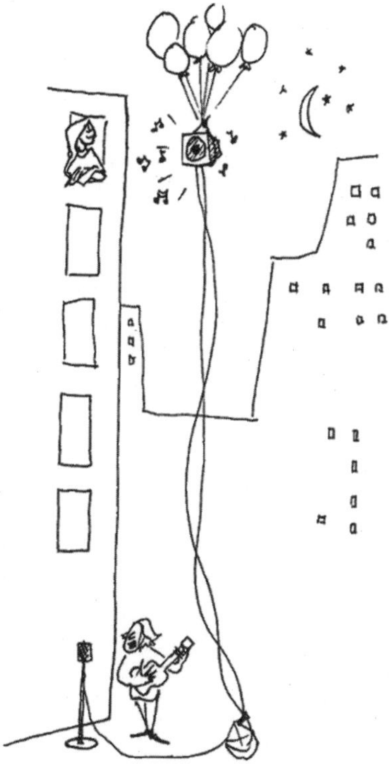

圖⑮：感覺統合增進理解
（引用布雷德曼與詹森一九七二年的研究）

這些真的有必要嗎？

也許你注意到了，在上面的例子裡，我只要加幾句話就能把事情說清楚。比如我可以說：「想像有個男人在彈吉他，這把吉他接了揚聲器，那個揚聲器被十幾個氣球拉到六層樓高度……」不需要照片，同樣能夠交代得清楚明白。

那麼，還需要圖片搭配口語嗎？

便利與明確

都是爲了便利與明確。爲了證明，底下是一段描述某個知名文學作品角色的原始文字，讀一讀，看看你需要多少時間才能猜出它描述的是哪個角色。

他的四肢比例協調。我爲他安排俊美的五官，他的黃皮膚幾乎遮不住底下的肌肉和血管組織，他的頭髮烏黑光澤又滑順，他的牙齒白得像珍珠。只是，這些美好特質卻跟他濕潤的雙眼、乾枯的面容和炭黑的嘴唇形成驚悚對比。那雙眼睛暗褐中帶著慘白，安放在色澤幾乎相同的眼窩裡。

便利性：圖片方便我們在極短的時間裡處理海量資訊。你讀那段原始文字約莫需要三十秒，辨認圖⑯的人物卻只需要大約零點二秒。

「可是等等，」你可能會說，「你只要說出『科學怪人』（Frankenstein），我照樣馬上能明白。」這話不假，這就帶領我們來到第二個話題。

明確性：過去一個世紀以來，至少出現幾十種版本的科學怪人。除了瑪麗・雪萊（Mary Shelley）的原版描述和演員鮑里斯・卡洛夫（Boris Karloff）在一九三一年電影《科學怪人》（Frankenstein）裡最具代表性的扮相，還有彼得・波爾（Peter Boyle）在《新科學怪人》（Young Frankenstein）裡的逗趣版；勞勃・狄尼洛（Robert De Niro）在一九九四年電影裡的情感解構版；羅里・金尼爾（Rory Kinnear）在《英國恐怖故事》（Penny Dreadful）影集裡的蒼白驚悚版。如果我只說「科學怪人」，接著滔滔不絕討論這個角色，誰也不能保證聽講者腦子裡想的會是同一個版本的科學怪人。既然我們腦海裡浮現的畫面會影響我們如何解讀並理解我們聽見的語詞，使用圖片可以確保所有人都看見正確的畫面，也產生同等的理解。

簡單來說，單獨使用聲音訊息效果還不錯，單獨使用視覺訊息效果也不差，可是聽覺搭配視覺，也許能創造超凡成效。

圖⑯：這個容易多了

給領導人、教學者與教練的提示

1、投影片以圖片為主

我們在第一章學到，在 PowerPoint 投影片裡填滿文字，會迫使聽講者選擇聽你說的話，或讀你寫的文字。他們沒辦法同時做這兩件事。那麼我們該在投影片裡放些什麼？你大概已經猜到答案了：圖片。

前面約略提到，人腦不但可以同步處理視覺畫面和口說語言，這樣的結合還能增進人們對簡報內容的解讀、理解和學習。事實上，當圖片和口語結合（相較於各自獨立呈現），可望提升百分之二十的記憶。再者，以圖片搭配口頭報告還能增進聽講者的參與度、接受度與喜愛度。說真的，科學研究已經證實，當你以圖片取代 PowerPoint 投影片上的文字，你的聽講者會覺得你準備更充分，也更專業，因此更喜歡你，沒開玩笑！

「每一張投影片我該放幾幅圖片？」

人們剛認識到圖片的力量時，經常做過頭。其中的思考邏輯不難猜：如果放一張圖片可以增進記憶，那麼放十張圖片，功效不就破表？很可惜，多未必比較好。

早先我們學到，人們分析辨認圖片的速度非常快（大約零點一秒）。不幸的是，這個速度只限於一次一張複雜圖片。如果要理解同步出現的多張複雜圖像，人們只能逐一處理。這不但增加解讀多幅圖片的時間，也會消耗注意力，損害對不同圖片內容的記憶。如果我同時讓你觀看不同的視覺畫面，你的記憶能力會比我一次只讓你觀看一個畫面降低百分之五十。

正因如此，設計 PowerPoint 投影片時，請想像你是在翻自己的照片給朋友看。你絕不會把十幾張照片任意扔在桌上，同時向朋友說明全部的內容。相反地，比較自然（而且有效率）的做法是一次針對一張照片，逐一分析討論。

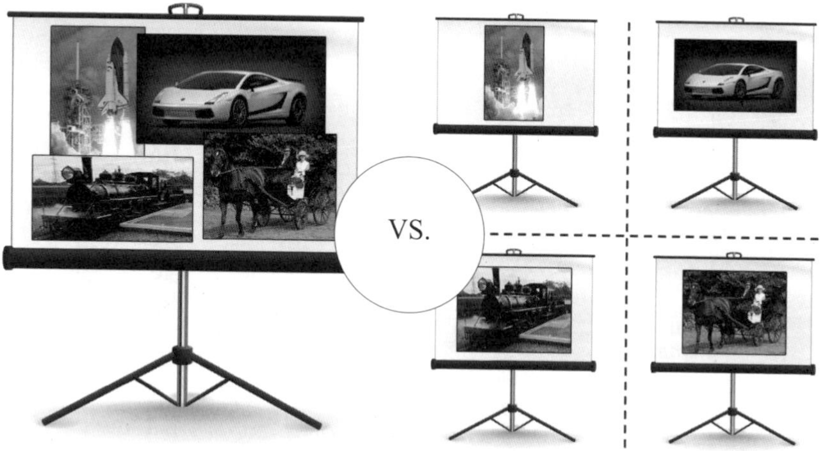

圖⑰：一張投影片一幅圖片就夠了

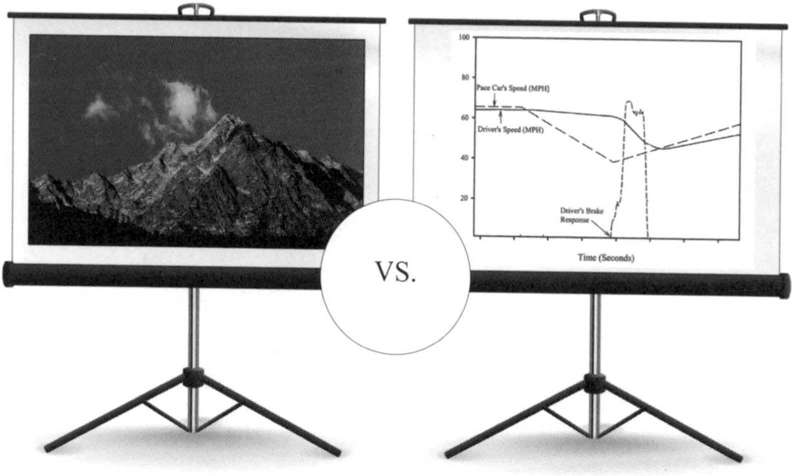

圖⑱：圖表的處理跟典型的圖片不一樣

「那麼圖表呢？人們解讀圖表是不是也只需要零點二秒？」

如果這章的其他內容你都沒記住，拜託至少記住這個：圖表與表格跟其他圖片不一樣。我們之所以能一眨眼工夫就分析複雜的畫面，主要是因爲大多數畫面都暗藏規則或「要旨」。打個比方，我給你看一張有一千棵長青樹的圖片，你不需要分析每一棵樹，也能獲知圖片的要旨，看得出那張圖裡是一片森林。

可惜的是，圖表和表格很少有個要旨。相反地，它們的意義只存在特定細節，每個數字、字母和形狀都夾帶理解整體的必要訊息。因此，解析圖表與表格不可能快得起來，而且幾乎都不容易。事實上，只要我們在PowerPoint投影片裡秀出圖表或表格，那就像秀出「威利在哪裡」的圖片：雖然我們自己清楚知道哪裡可以找到跟我們的口頭報告相關的資訊，聽講者卻得在複雜的迷宮裡摸索，才能破解他們看見的東西。你大概猜得到，當聽講者被迫付出更多注意力和腦力來分析圖表或表格，通常會減損他們聆聽並理解你的演說的能力。

要在簡報中運用圖表或表格，方法之一是化整爲零。例如你可以先秀出座標軸解釋一番，而後每次疊上一行數據，新資訊出現時附帶口頭說明。這個程序方便你迅速帶領聽講者看完整張圖，確保他們在對的時間專注在對的資訊上，沒有浪費珍貴的認知能力去解析複雜的圖像。

第二個好辦法是清楚突顯或指明圖表裡的相關細節，引導聽講者專注在值得分析的區域。幸運的是，人類幾乎能夠自動鎖定規則畫面裡的不規則面向。心理學家稱之爲突現效果（Pop-out Effect）。黑色海洋裡的一點灰；標準字體之中的黑體；小寫字母裡的大寫。如果聽講者能輕易辨別該看什麼地方，就能更輕易理解你想表達的觀點。

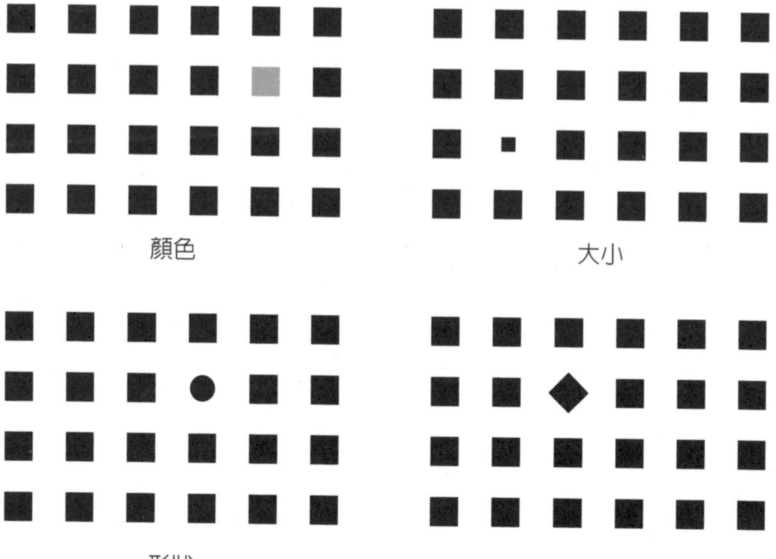

圖⑲：突現效果

緊迫問題三：相關性

「圖片需要跟我討論的主題相關嗎？」

很可惜，參與度和學習並不是同義詞。當聽講者專心投入，代表他們躍躍欲試、準備學習……卻不保證他們真的會用心學習。

我提出這點是爲了強調：研究證實做口頭簡報時搭配可愛、搞笑或其他不相關圖片，可以增進參與度，卻可能減低學習效果。相反地，研究也證實，採用能增益口說內容的相關圖片，有助於建立更深層的連結，因而增進學習效果，卻也可能降低參與度。

因此，圖片相關性這個議題，取決於你想達到什麼目標。簡報剛開始的階段，你的目標可能是確認聽講者都集中注意力，振奮地期待聽聽你想說什麼，那麼不相關的圖片可能會是你的最佳盟友。然而，簡報進行到一定程度，那時你的目標可能是確保聽講者理解並記住你探討的論點，這時不相關的圖片就會是你最強大的敵人。只要弄清楚你使用某張圖片的終極目標，就能決定那張圖片跟你的口說內容該有多少相關性。

2、講義以圖片為主

簡報時發給聽講者的講義，也應該遵循跟 PowerPoint 投影片一樣的規則。我們在第一章討論到，提供文字講義會迫使聽講者在閱讀和聆聽之間二擇一。所幸圖片講義不會造成這種困擾：人們分析講義的圖片時，還能聽懂演說者的口述內容。因此，簡報時提供的書面講義最好也以視覺畫面爲主，而非文字。只是，別忘了考慮上面討論過的數量、相關性和圖表與表格的特性等議題。

3、使用圖片輔助數位敘述／文本

這可能有點老調重彈，不過，當簡報或任何作品數位化以後，口語、書面文字和圖片固有的議題都不會改變。因此，設計包括口說或文字內容的全新課程或網站時，不妨善用圖片增進理解。如剛才所說，假使你的目標只是吸引人們的注意，讓他們參與，有所期待，那麼這些圖片的相關性大致上不重要。然而，如果你的目標是忠實傳達資訊，好增進學習效果，那就務必採用與文字內容相關且有輔助效果的圖片。

4、慎防艾登堡效應

人們好像喜歡時尚、性感又吸睛的產品。你只要看一看電影視覺特效的快速演進就能明白，愈是讓人「眼睛一亮」，觀眾就愈擠破頭去看。在學習的場景似乎也是這樣。相較於比較正經、不花稍的影片或簡報，人們看見同樣的內容以更光鮮亮麗、更精美的方式呈現時，大多覺得他們更能理解、也學得更多。

問題就在這裡：那都是錯覺。不管影片或簡報看起來多麼性感、製作多麼精美，眞正的學習效果不會有差別。我們稱這個爲「艾登堡效應」（Attenborough Effect）。如果你曾經看過英國自然科學節目主持人大衛．艾登堡（David Attenborough）那些華麗的特別節目，你看的時候可能會目不轉睛，還信誓旦旦地說你把影片內容記得一清二楚。眞相是，如果一星期後我測試你的記憶，比起那些看過同樣內容以更簡單的口語和靜態圖片直接呈現的人，你的表現並不會更好。

這裡要強調的是，設計特定教材時，別在小地方費工夫。如果你有兩小時可以準備簡報，而簡報的終極目標是讓聽講者充分理解內容，從中學習，那麼把時間花在精鍊你的敘事、內容與觀點，會比創造令人驚豔的時尚性感元素來得好。

重點整理

聽演說時觀看圖像有助於增進學習與記憶。

- 所聽與所見在腦裡分別處理，並進行生態融合：整體大於它的部分的總和。
- 聽覺與視覺可以結合起來，引導解讀與理解。
- 視覺畫面的便利性與明確性是口語不容易達到的。

應用

1、投影片以圖片為主。

- 一次一張圖片就足夠了。
- 相關的圖片增進學習效果，不相關的圖片有助提升參與度。
- 圖表與表格跟一般圖片不一樣！

2、講義以圖片為主。

3、使用圖片輔助數位敘述／文本。

4、慎防艾登堡效應。

- 參與度不等於學習。

中場休息 1

請用大約十五秒賞析這張成人教育舊海報

195
GET A-HEAD!
FOR ADULTS
AT
NO CHARGE
ADULT EDUCATION
CLASSES
MANY COURSES · · MANY PLACES

3

空間

一切各有其所、各在其所。

——查爾斯・奧古斯都・古德里奇（Charles A.Goodrich）

小小提醒，這一章的內容可能有點混亂。不過別擔心，這個瘋狂場景暗藏深意。我保證到最後都會清楚明白。

那就開始吧！

- 二〇一六年美國學生艾力克斯．穆朗（Alex Mullen）用十九點四一秒正確背誦隨機排列的五十二張紙牌。
- 二〇一三年瑞典作家喬安那斯．馬羅（Johannes Mallow）五分鐘內正確背誦一千零八十個二位數。
- 二〇一五年印度菜販什瑞許．庫瑪爾．沙爾瑪（Suresh Kumar Sharma）正確背誦圓周率π的前七萬零三十個數字。

毫無疑問，記憶力的驚人表現總是令人肅然起敬。不過，更不可思議的可能是，有那些驚人表現的人都是如假包換的普通人。他們不是滿腹經綸的學者，沒有照相機般的記憶，更沒有老天賞賜的超人頭腦。他們腦部的神經配置跟你我沒有差別。那麼他們是怎麼辦到的？

他們每個人都善用已經流傳二千年之久的位置記憶法（method of loci）。這種技巧只有簡單的兩個步驟。第一是鋪陳。人類的大腦通常拙於記憶普通或不顯著的事物（參加過冗長的會議嗎？）對令人驚奇或震撼的事物卻有著難以置信的記性（見過或發生過車禍嗎？）鋪陳就是運用這個特點，以不尋常的畫面取代平凡事物。比方說，如果你想記住一疊紙牌，你可以想像貓王穿著比基尼在裝滿布丁的兒童池裡扭腰擺臀，用這個畫面取代梅花3。鋪陳時，畫面愈怪愈好。

第二是置放。把每張紙牌都換成詳盡的畫面後，你想好一個你極爲熟悉的場景（例如兒時的家），把每個畫面依序「置放」在那個場景裡比較明顯的定點（比如前門、玄關、廚房旁等等）。置放方便你以特定順序記住經過鋪陳的物品。也就是說，當你需要背出紙牌順序時，你只要在腦海裡逛一圈你設定的場景，喊出你看見的畫面（我在前門看見貓王在布丁池裡：梅花3；我進門走到玄關，看見瑪丹娜騎著一頭緬甸虎：方塊6）。

幾乎所有記憶比賽選手都採用這個技巧的變化版，顯見空間位置和記憶之間有強烈關聯。不過這種關係是怎麼運作的？

亨利七歲時癲癇發作。一開始還算輕微，隨著年齡增長，病情也愈來愈嚴重。到他二十七歲時，一星期發作高達十幾次，導致他沒辦法工作，也無法維持正常生活。當藥物不再有效，亨利決定接受實驗性質的激進手術。醫生們發現亨利的癲癇總是由腦部一個名爲海馬迴（Hippocampus）的特定區域引發，於是決定爲他開顱，切除他大腦的這個部分。

不可思議的是，手術成功了：亨利多活了五十五年，期間他的癲癇每年只發作一兩次。遺憾的是，海馬迴被切除後，在接下來的五十五年歲月裡，他沒有形成過新的敘述性記憶。

簡單說
海馬迴是通往記憶的門戶

亨利記得手術前的人生，但他對新訊息的記憶頂多持續一兩秒。同一份雜誌他會一讀再讀；記不得他父親已經過世；會向

亨利的大腦

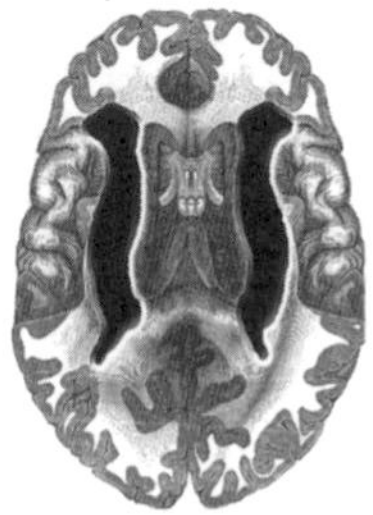

見過幾百次的醫生自我介紹。事實上，到二〇〇八年他過世的那天，也許他還認爲自己是生活在一九五三年的二十七歲年輕人。

亨利還能記得手術以前的事情，顯示記憶並不是儲存在海馬迴。可是，他沒辦法形成新生記憶，這又意味著新的資訊與經驗必須通過海馬迴，才能變成記憶。簡單說，海馬迴是通往記憶的門戶。

我們再仔細看看這個重要又有趣的腦部組織。

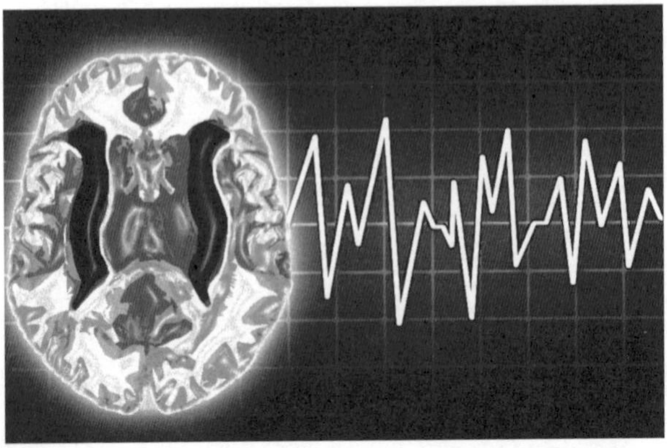

新聞
屬於大衆

每日新聞

氣象
今日氣象：晴時多雲
高溫 24°C、低溫 16°C

康乃狄克州，一九五三年九月一日星期二

售價十分

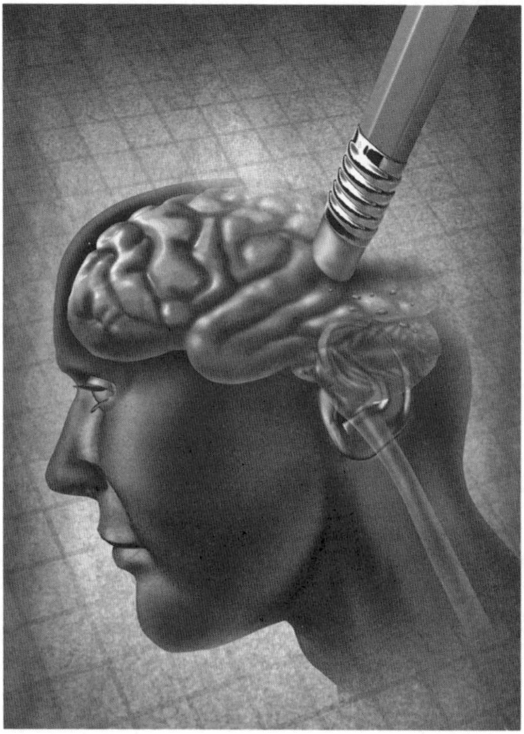

男子記憶消失

曼徹斯特——記憶有多種類型。比方說，工作記憶讓我們暫時記住近期經歷。這就是爲什麼你能記住這個句子的前半段，再根據你正在讀的文字推敲出連貫的意思。另外，程序記憶大致上是一種無意識的能力，可以啓動身體動作與技能。所以你不需要或只要動一點腦筋，就能刷牙、拋球或煎蛋。

然而，當我們談到記憶，我們指的通常是敘述性記憶。這是我們記住特定事實或事件的能力，比如你早餐吃的東西、法國首都或你小時候最喜歡的老師。

我們研究這類型記憶雖然已經幾百年，還是有很多解不開的謎團。比方說，我們不知道這些記憶儲存在大腦哪個地方，也不知道這些記憶到底是什麼玩意兒（它們是電磁型態嗎？或者它們是一系列相連的分子？）

儘管如此，我們可以篤定地說，我們目前對這種記憶的認識，大多來自某個人：亨利·莫雷森（Henry Molaison）。

正常大腦

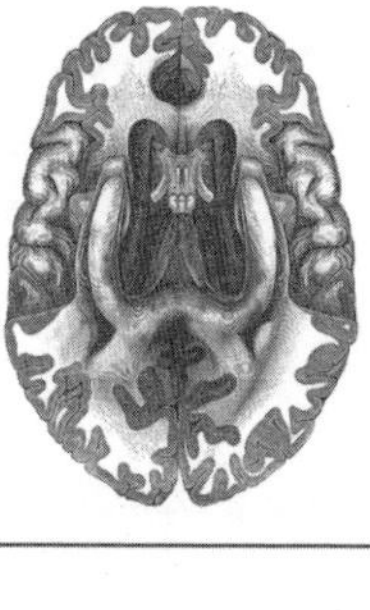

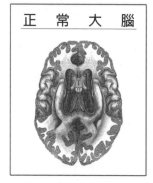

位置細胞就像導航裝置，將地點、事物和我們與它們之間的實體對應關係編碼。
我們因此可以針對周遭環境建立心理地圖（mental map）。
如果你在迷宮裡，你的位置細胞會反映迷宮的布局和你在迷宮裡的特定位置。
阿茲海默症嚴重損害這些位置細胞。
所以很多患者經常失去方向感，即使在熟悉的環境也會迷路。

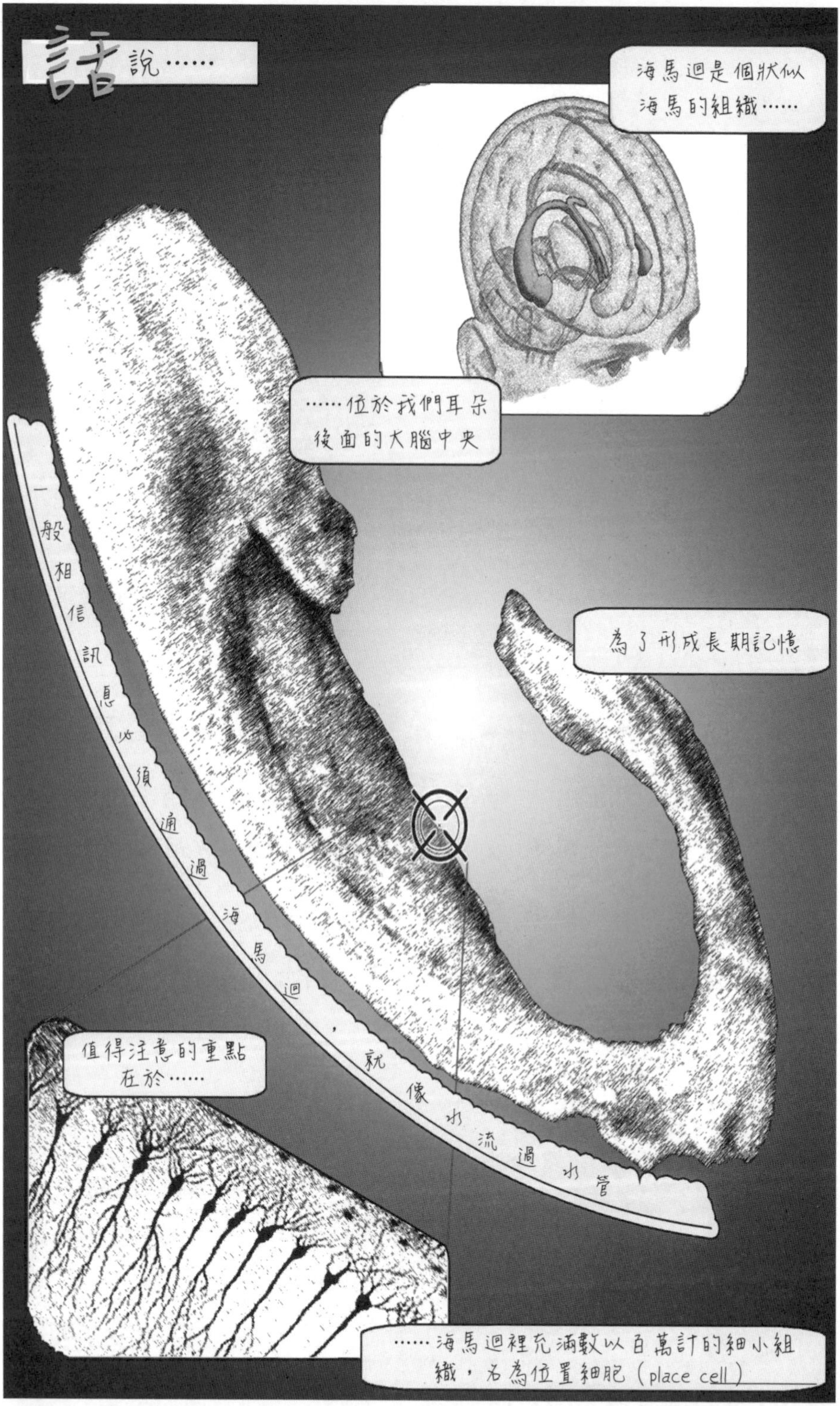
話說……
海馬迴是個狀似海馬的組織……
……位於我們耳朵後面的大腦中央
一般相信訊息必須通過海馬迴，就像水流過水管
為了形成長期記憶
值得注意的重點在於……
……海馬迴裡充滿數以百萬計的細小組織，名為位置細胞（place cell）

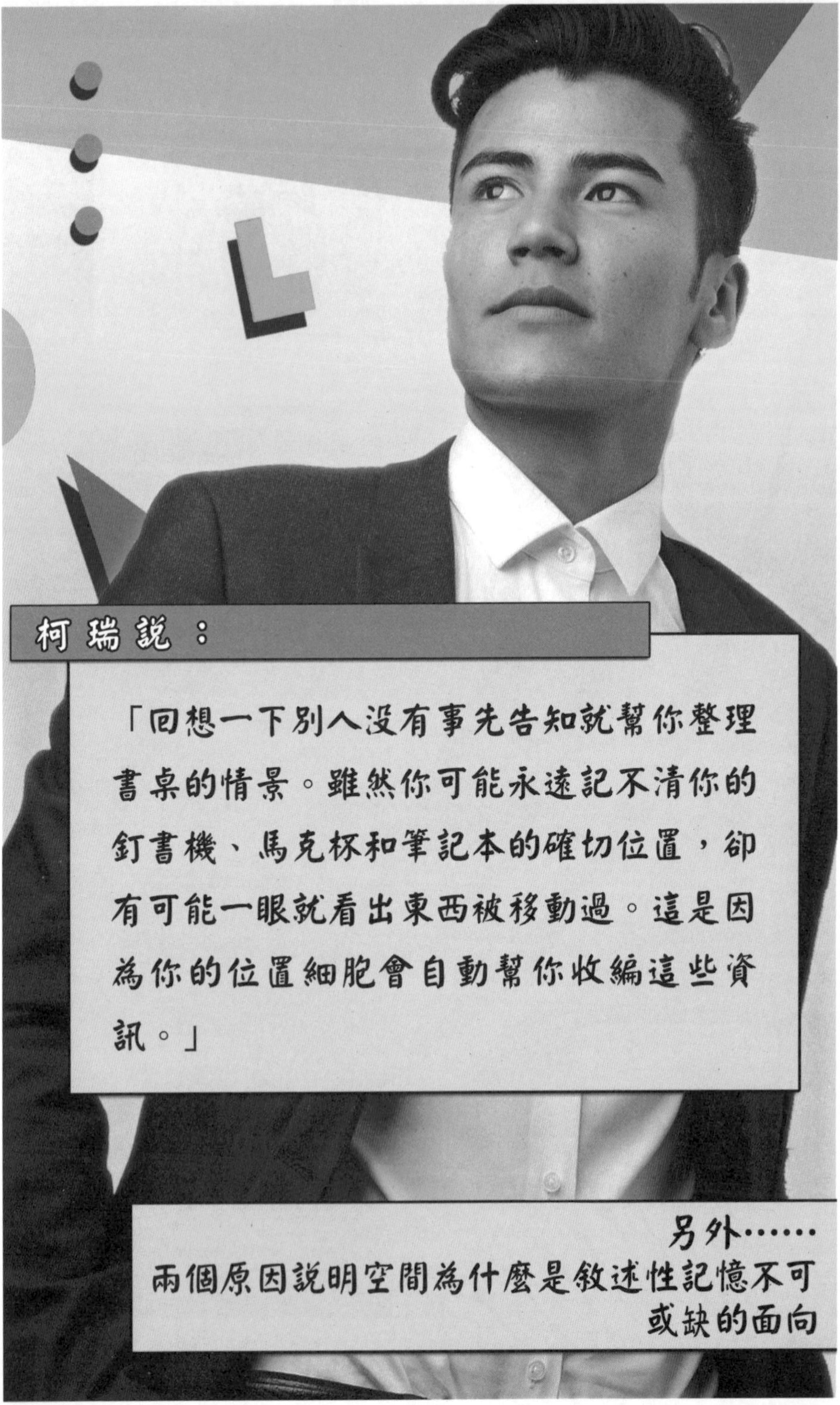

柯瑞說：

「回想一下別人沒有事先告知就幫你整理書桌的情景。雖然你可能永遠記不清你的釘書機、馬克杯和筆記本的確切位置，卻有可能一眼就看出東西被移動過。這是因為你的位置細胞會自動幫你收編這些資訊。」

另外……

兩個原因說明空間為什麼是敘述性記憶不可或缺的面向

精采內容！

為什麼我們風靡位置細胞！

記憶與空間

一九八八年七月 美金 1.75 英鎊 1.65

空間不可或缺

我們通往記憶的門戶海馬迴布滿位置細胞，這代表空間是記憶不可或缺的要件。事實上，如果我讓你看螢幕上散置的各種圖片（左上方一部自行車、右下角一條蛇等等），而後我清除圖片，針對其中一幅圖片問你問題（那條蛇是什麼顏色？）雖然圖片已經不在了，你的眼睛仍然會移到它原來的位置！

凝視虛無

學者稱這種現象為凝視虛無（Looking at Nothing）。重點來了，就算我們早先並沒有特別專注觀察每一張圖片的位置，這種現象還是會發生。不管你喜不喜歡，我們的位置細胞會下意識地建立心理地圖，這份地圖自動編進每個新生記憶。

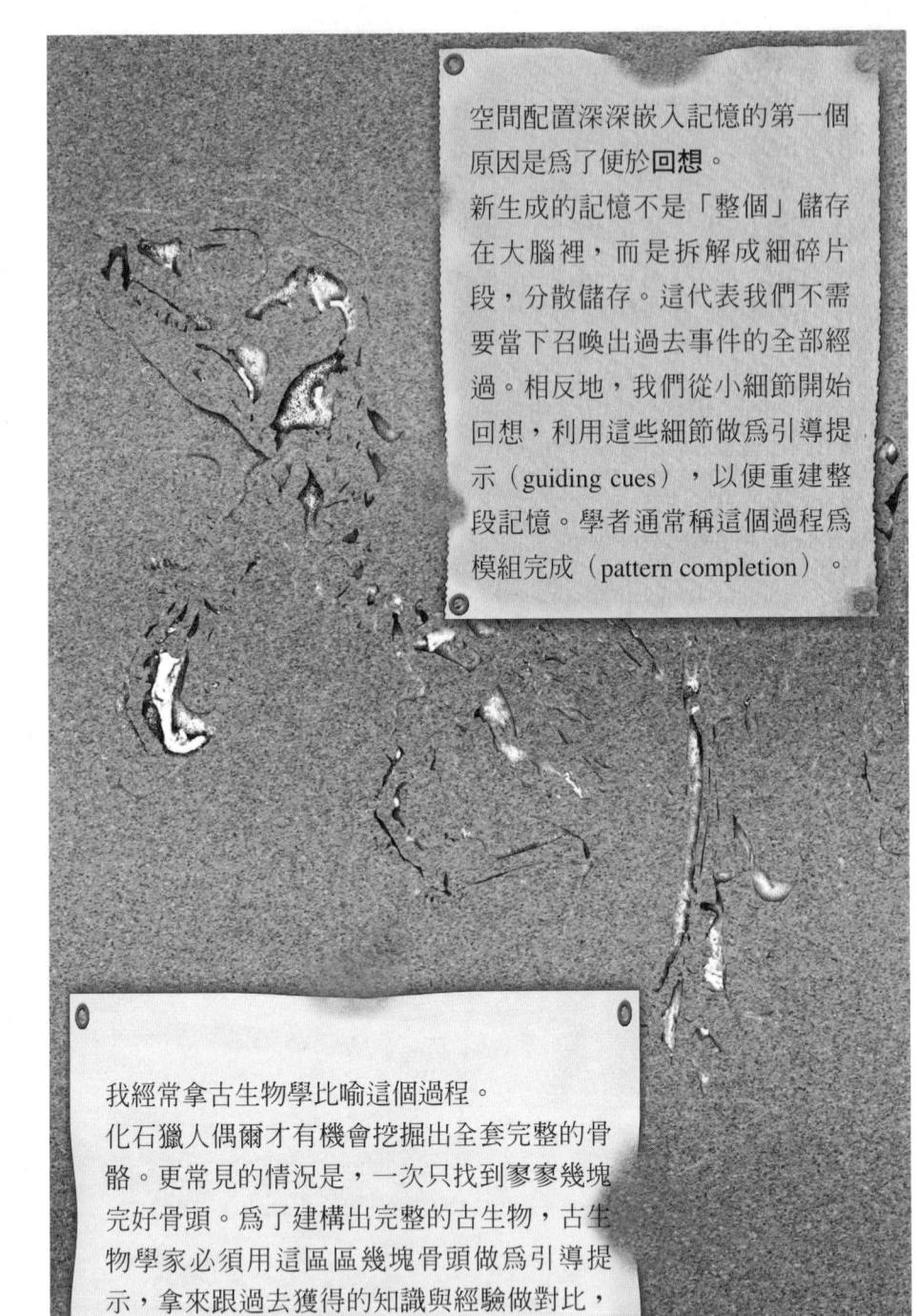

空間配置深深嵌入記憶的第一個原因是爲了便於**回想**。

新生成的記憶不是「整個」儲存在大腦裡，而是拆解成細碎片段，分散儲存。這代表我們不需要當下召喚出過去事件的全部經過。相反地，我們從小細節開始回想，利用這些細節做爲引導提示（guiding cues），以便重建整段記憶。學者通常稱這個過程爲模組完成（pattern completion）。

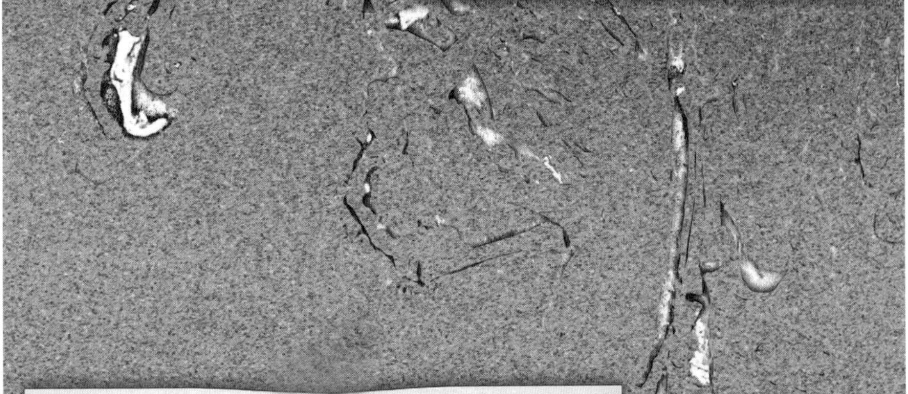

我經常拿古生物學比喻這個過程。

化石獵人偶爾才有機會挖掘出全套完整的骨骼。更常見的情況是，一次只找到寥寥幾塊完好骨頭。爲了建構出完整的古生物，古生物學家必須用這區區幾塊骨頭做爲引導提示，拿來跟過去獲得的知識與經驗做對比，完成更大的化石模組。

心理地圖是功能無比強大的引導提示。比方說，如果我要我弟弟回想我們小時候去新墨西哥州阿布奎基市度假的情景，他多半會茫然地望著我。不過，如果我提醒他我們投宿一家兩層樓的汽車旅館，對街有一家看起來很古老的 Dairy Queen 冰淇淋店，旁邊緊鄰一排廢棄的商店街，那麼他大概可以利用這些空間細節重建我們當年胡鬧的完整記憶（情節涉及滑板、垃圾桶和抓狂的媽媽）。

這就是爲什麼本章開頭討論到的位置記憶法這麼好用。雖然要以正確順序記住幾百張心理圖像難如登天（不管鋪陳得多麼詳細），要記住我們小時候住過的房子的空間配置、我們上過的中學或我們上班的通勤路線卻是易如反掌。因此，記憶高手將他們鋪陳過的圖像安插在這些心理地圖上，充當引導提示，依圖片順序逐一回想，完成模組。

測

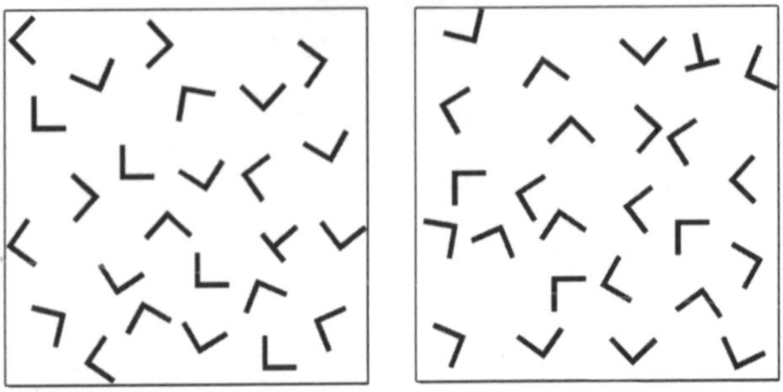

這就是爲什麼如今很多科學家稱大腦爲**高階預測機器**。我們的大腦想盡辦法搶先現實一步，方便我們迅速選擇跟每個情況最相關的念頭與行爲。重要的是，大腦做出的這些預測幾乎完全取決於我們過去的經驗，換言之，取決於我們的記憶。既然空間配置是記憶不可或缺的一部分，那麼心理地圖就不只是回想過去事件的引導提示，它也是預測未來的依據。

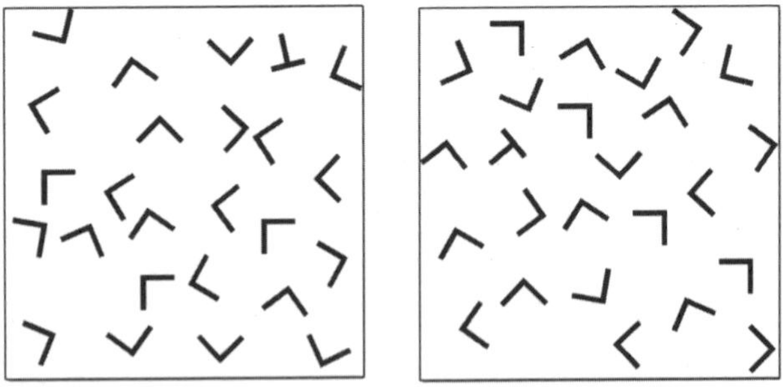

研究者稱這種現象爲**情境提示**（Contextual Cueing）。簡言之，它顯示人類能夠默默地、通常下意識地記住實體布局，創造心理地圖，再運用這些形成預測，以便啓動未來的行爲。只要外在世界符合這些預測，人就能對相關情境做出更迅速、更有效的反應。

預

空間配置深深嵌入記憶的第二個原因，是爲了方便預測。長久以來，學者專家認爲大腦是被動的接收器：訊息透過感官進入人體，迅速送到大腦，觸發任何必要反應。如今我們知道大腦絕不是好整以暇靜觀周遭世界，而是持續主動預測即將發生的事。你看見「**這山望著那 ____**」，早在你的眼睛看見那個空格以前，你的大腦就已經預料到、並完成那個句子。

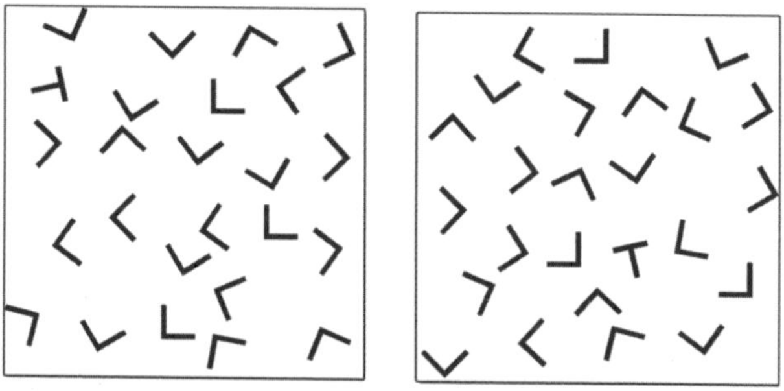

在一個簡單的實驗裡，研究者讓對象看幾百張網格似的圖片，要他們找出藏在密密麻麻的「L」之中的「T」。雖然所有格狀圖看似各不相同，研究者卻偷偷重複其中一張十幾次。一般來說，受試對象始終察覺不出這些重複的格狀圖，可是他們的預測腦仍然能夠辨識出來！只要重複兩三次，他們就能更迅速找出重複圖片裡的「T」，卻不明白爲什麼。

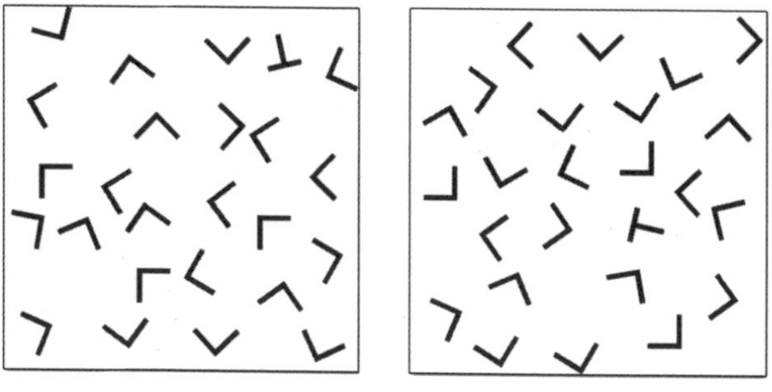

總結

回想一下你如何閱讀本書的前兩章。你每翻一頁，就會知道頁碼在下方的角落、書名和章名在頁碼旁邊，文字會一行行由上到下、從右至左流動。我相當確定你從來沒有花時間刻意記住這樣的布局，相反地，你讀了幾頁以這種格式呈現的內容後，就會下意識地預測下一頁的樣式。事實上，如果我們在你讀前兩章的時候測量你的大腦活動，多半會發現海馬迴的活動明顯減少：顯示你的位置細胞慢慢靜下來，因爲它們已經建立有效的心理地圖。只要接下來的每一頁都符合這個預測，你就能迅速輕鬆地讀完整本書。

現在再想想你讀這一章的情形。你每翻一頁，頁面的空間配置都不符合你的預測，這麼一來你就得多花時間和心力分析每一種新格式。事實上，如果我們測量你讀這一章時的大腦活動，可能會看見海馬迴的活動明顯增加：顯示你的位置細胞正孜孜不倦地建立新的心理地圖，以便預測接下來的頁面。

不幸的是，對下一頁布局的預測失靈，可能會斷送你閱讀時通常會達到的「流暢度」。這又會使得這一章感覺支離破碎，最終影響你跟內容之間的連結。不過，但願這個經驗能夠說明空間預測的好處，以及空間不連貫的負面衝擊。

最後一件事：現在你明白空間配置與可預測性本質上不可分割，可能會發現到處都有這種關聯存在。你有沒有注意過大多數紅綠燈高度都一樣？新聞報導的影片是不是永遠出現在主播的同一邊肩膀上方？或者運動頻道轉播比賽時，不管誰在比賽，比數總是放在螢幕的同一個位置？這就是情境提示的實際應用。當你能正確預測相關資訊會出現在哪個位置，就不需要花太多時間和心力去解讀那些資訊。

想像一下，如果你開車的時候需要上上下下尋找路標，只因爲它們永遠不是掛在同一個高度，那會有多惱人？

1、確認投影片格式一致

前兩章你學到，刪除投影片的文字、改以相關圖片取代，有助提升學習效果。這章以後，你應該很清楚，隨手亂擺的圖片會迫使聽講者耗費更多心力去解析，努力爲每一張投影片創造新的心理地圖。

基於情境提示的原理，請務必讓所有投影片的空間配置保持一致。說得精準些，最好每一張投影片的圖片和關鍵字都出現在同一個位置，而且尺寸大小相近。這麼一來，聽講者可以默默迅速記住這種布局，形成預測，釋出心理資源，以便專注在內容上。事實上，同樣的教材內容，簡報時投影片格式一致，聽講者在記憶方面的表現，會比空間配置紊亂不一致時高出百分之三十五。

所以，選定一種布局，從一而終吧！

「如果我換另一個也算一致的格式呢？」

任何時候只要空間配置不符合預測，一種名爲不匹配負向波（mismatch negativity）的小訊號就會在大腦裡啓動，強迫注意力轉向預測錯誤的區域。

舉例來說，我猜此刻你對你臥室的格局有相當肯定的預測。因此，如果有人偷溜進去，悄悄把你的床鋪轉動九十度，下回你走進臥室，你的注意力會反射性地聚焦在這個改變上。

重點來了，我們可以善用這種自動反應來增進學習。簡報過程中，如果你希望強調某個重要想法或概念，有個辦法可以確保聽講者專心在聽，那就是故意打斷他們的空間預測。道理很簡單：你連續秀出幾張格式相同的投影片後，大概可以假設聽講者已經默默記下這種格式，也對接下來的投影片格式形成預測。接下來只要你秀出不符合預測格式的投影片，就會觸發不匹配負向波，聽講者別無選擇，只能把注意力集中在螢幕上的任何訊息。

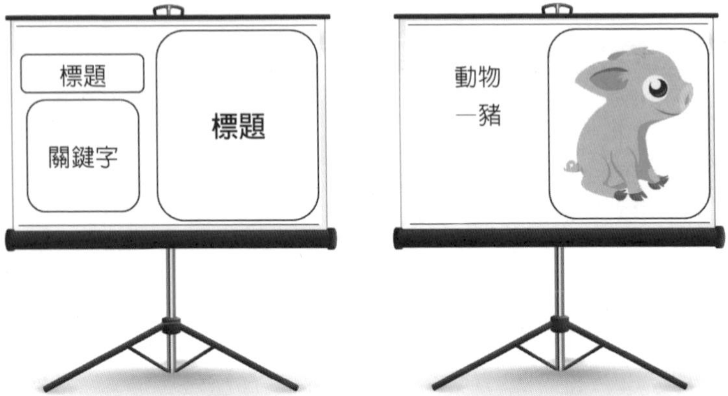

圖⑳：一致性釋出心理資源

圖㉑：打破一致性強迫專注

請記住：唯有聽講者記住某個格式、形成預測之後，這個策略才有效果。如果每一張投影片的格式都不一樣，聽講者不可能建立心理地圖，你就沒辦法打斷他們的預測。因此，保守運用這個策略。

緊迫問題二：給信號

「我還能用什麼辦法將聽講者的注意力引向相關資訊？」

給信號是無比簡單（卻太少用）的技巧，做法是強調特定空間，藉以引導注意力。比方說，想像你雇一架拉煙飛機在空中寫封情書。確保伴侶看見情書的方法之一就是指著天空說，「抬頭看那邊。」就這麼簡單。而且，有別於情境提示（不外顯、需要重複多次），給信號可以明顯而立即地把他人的注意力轉移到重要地方。

在會議或簡報過程中，給信號的方法相當簡單，比如畫圈、伸手一指，或描繪輪廓。這個策略雖然簡單得不可置信，但請注意：你很快就會發現人們極少採用這個明顯至極的技巧。下回你耗費心力解析龐雜的曲線圖，或者納悶演講的人提及的是哪一頁講義時，想想此時此刻吧。

2、確保講義和文件格式一致

情境提示可以（也應該）運用在講義與／或其他文件。如果你創造出一致又可預測的作品格式，其他人會默默學到可以在哪裡迅速又輕鬆地找到他們需要的資訊。這麼一來，聽講者不需要太費力解析教材，能釋出更多認知資源來學習與記憶（不過，請看底下提示5的重要警語）。

緊迫問題三：紙本與數位

「讀紙本書或電子書學習效果比較好？」

這個問題眾說紛紜的程度經常令我驚訝。不過，儘管可能觸怒某些讀者，我確實覺得這件事相當重要，值得討論。

如果教材內容不多又單純（大約兩頁或更少），紙本與數位之間似乎沒有多大差別。然而，當教材篇幅超過兩頁，那麼紙本總是優於數位。

原因在於，紙本閱讀材料有清晰的靜態空間配置。也就是說，紙頁上的資訊存在一個清楚明確、不會改變的三度空間區域裡。比方說，如果你讀的是這本書的實體版本，這個句子永遠會在這裡。在這本書陳舊腐朽化爲灰塵以前，你都可以在整本書大約四分之一處、靠近這頁頂端的位置三角定位這些字。這個定點是你此刻正在生成的記憶的一部分，未來可以充當回想這項資訊的引導提示。

反觀數位閱讀材料就沒有這麼清晰的靜態空間配置。比方說，如果你以捲動方式閱讀這本書的PDF檔，這個句子一開始出現在你螢幕最下方，現在已經來到中間附近，很快就會從頂端消失。少了這筆資訊的實體位置，事後你就沒辦法運用空間配置當作回想時的引導提示。

爲了解決這個問題，很多電子書去除了捲動軸，讓讀者「翻」電子頁面。這麼做雖然好一點（因爲這種格式的資訊確實有二度空間位置），卻還是欠缺深度這個只有紙本書才有的第三個重要維度。

話說回來，PDF和電子閱讀器也有不少勝過紙本的優勢（可以改變字體大小；可以搜尋關鍵字；便於夜間閱讀的背光功能等）。因此，數位材料比紙本更適合其他用途。只是，如果你的目標是學習與記憶，應該選擇紙本。

3、在網頁與應用程式使用一致化格式

網頁設計領域有個明顯趨勢，就是把內容垂直堆疊，變成一個似乎沒有盡頭的頁面（需要忙不迭地捲動）。你剛才已經了解到，假使資訊沒有清楚明確的位置，理解與記憶就會受影響。因此，如果你設計網頁的目標是方便網友取用、學習並記住內容，那麼在不同網頁使用同一個靜態、一致的式樣，可以幫助使用者建立空間配置，知道在什麼地方可以找到需要的資訊。

如果使用捲軸式的堆疊設計，可以考慮採用兩種方法輔助學習。第一是靜態圖片。如果每一區塊文字都以一張獨特的圖片固定，日後使用者或許可以利用這些圖片定位並回想相關訊息。第二個辦法是善用靜態按鈕或周邊元素。某些網頁有選單列、連結或廣告，使用者上下捲動頁面時，這些會跟著移動。很遺憾，你應該已經猜到，當這些元素隨著頁面移動，使用者就沒辦法利用它們來定位任何觀點或訊息。因此，如果你把這些東西固定在每個頁面，使用者也許有機會利用它們來記住學到的觀念，日後再利用它們來尋找或回想相關訊息。

同樣的問題也適用於應用程式和程式介面。正因如此，大多數智慧型手機都使用相同畫面、把相同尺寸的按鈕布置在式樣一致的網格裡：這麼一來使用者就會知道去哪裡找出他們需要的程式（即使升級到另一支手機也一樣）。這種一致性釋出心理資源，使用者使用程式時不需要費心尋找。

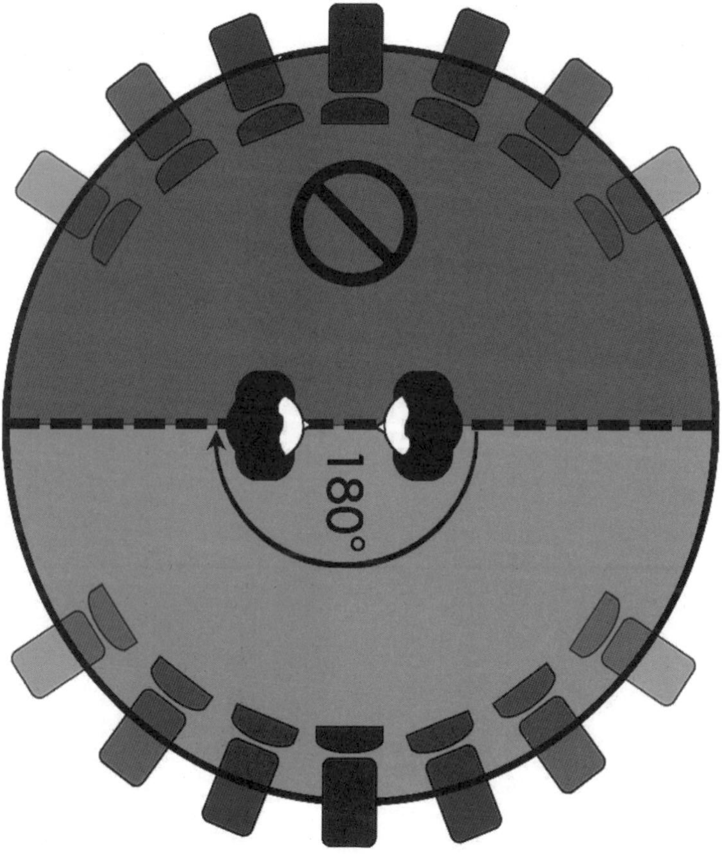

圖㉒：越線—影片的失誤

4、教學影片固定視角

在電影或電視圈有一種失誤名為越線。簡言之，當某個畫面裡有兩個或更多人，就會形成一條隱形的一百八十度線，規範動作的進行。拍電影的人知道永遠不可以跨越這條線，除非他們想讓觀眾陷入五里霧中，跟不上劇情內容。

這個概念在實際生活裡最典型的例子，應該就是電視上的體育競賽。比賽過程中，所有攝影機都會架在場地的同一邊。這麼一來，在四分之一場或中場休息以前，各隊的移動方向不會改變（例如紅隊永遠從右邊跑向左邊）。想像一下，假如比賽進行中攝影機突然越過中線，紅隊莫名其妙開始從左邊跑向右邊。作為觀看者，你會困惑至極，耗費注意力和精神猜想到底出了什麼事。別管比賽了……你是不是錯過了什麼？中場了嗎？或者現在是重播？

為了確保觀者能從影片教材學到東西，最好保持一致的視角。攝影機越線愈多次，影片的可預測性就愈低，觀者就得花費更多精力更新心理地圖。

5、如果安逸會產生問題，就避免空間可預測性

雖然空間可預測性是增進學習與記憶的妙方，但有些時候我們的首要目標並不是學習與記

憶。

假設你在建築工地工作，每次上班前必須先填寫安全檢查表。在這種情況下，如果你每天看見的都是相同格式的表格，你很快就不再多花心思注意它，會開始用同樣的順序勾選。很可惜，在這個假想情境裡，我們最不想要的就是因爲空間配置高度可預測而漫不經心勾選表格。

因此，運用空間可預測性時，務必弄清楚你希望達到什麼樣的目標。如果你不希望造成安逸，就想辦法經常調整格式。這麼一來，你可以確認人們必須付出明顯的注意力與認知資源來區分每一個配置。這雖然會妨礙記憶，卻可以達到其他「非學習」目標。

重點整理

可預測的空間配置釋出心理資源，有助於增進學習與記憶。

- 我們通往記憶的門戶海馬迴布滿位置細胞。
- 位置細胞把空間配置埋藏在每一個新生成的記憶裡。
- 空間配置可以作為引導提示，幫助回想過去學習過或經驗過的資訊。
- 空間配置也可以用來預測未來（這就是為什麼可預測性有助於釋出注意力，避免耗費心力）。

應用

1、確認投影片格式一致。

- 打破一致性可以強迫專注。
- 以信號提示相關資訊或特點，有助於引導人們的注意力。
- 使用圖表與表格時，信號尤其重要。

2、確認講義與文件格式一致。

- 教材篇幅比較長的時候，紙本優於數位版。

3、網頁和應用程式使用一致化格式。

4、教學影片固定視角。

5、如果安逸會產生問題，就避免空間可預測性。

4

情境／狀態

重點不在你取自何處，
而在你如何運用。
——尚盧・高達（Jean-Luc Godard）

我十歲的時候看見我的家族長輩穆尼展現我畢生所見最了不起的絕技。

穆尼一生都住在一棟擋雨板搭建的白色房子裡，那房子有個美國東岸某些地區相當普遍的超大後院。在草坪遠離房子的某個角落有個水泥焚燒桶，尺寸形狀跟油桶不相上下。

某天我坐在門廊看穆尼用舊鐵鍬挖出他家屋子旁邊的枯樹根。樹根挖出來以後，他走向焚燒桶，伸手進去，拿出六顆高爾夫球，隨手扔在草坪上。我以爲他只是把高爾夫球拿出來，準備放樹根進去……我錯了。

穆尼走向距離最近的一顆球，瞄準一下，鐵鍬充做球桿擊出高拋球。球凌空飛起，精準落進焚燒桶！隨後他用同樣手法把剩下那些球都打進焚燒桶。不管球距離多遠，在草地裡藏得多深，只消鐵鍬輕輕一揮，球就飛起來，重新落回水泥桶裡。鐵鍬揮六下，六次完美擊球。

我敬佩得五體投地。後來我問他這招怎麼學來的，他說那是大蕭條期間爲了增加收入想出來的點子。他的辦法是：用他手邊現成的「球桿」（他父親的園藝鐵鍬），練習把高爾夫球打進焚燒桶。他練成神功後，開始邀請常在當地高爾夫球場打球的有錢人過來跟他賭一把：那些人在草地上任意選個地方，穆尼用鐵鍬，對方用球桿，擊出的球落點離水泥桶比較近的就是贏家，賭注五分美金。時日一久，這個小賭注人氣鼎盛，很多高爾夫球愛好者乾脆不去球場，直接到穆尼家，整個下午都在他家後院切球賭現金。

有趣的來了。有一天一群球友邀穆尼到當地球場參加「正式」切球比賽。他們甚至允許他帶鐵鍬。每個人都深信不疑，認定穆尼會贏。因此，當穆尼擊出第一球……完全沒命中，想像其他人有多麼震驚。他的球不只沒進洞，甚至沒打上果嶺。他覺得一定是自己太緊張，於是鼓起勇氣再擊第二球……又失敗了。他揮了十桿，總共只有兩次上果嶺。

這是怎麼回事？穆尼在自家後院可以命中人孔蓋大小的目標，在當地球場卻沒辦法命中泳池那麼大的果嶺？

情境依賴

上一章我們探討了我們通往記憶的門戶海馬迴，本章我要鎖定海馬迴底部一個名為海馬旁迴位置區（parahippocampal place area，為了方便起見，我們簡稱ＰＰＡ）的小區域。這個小小組織連續不斷將資訊送進海馬迴，意思就是，在這裡處理的所有資訊，都會是我們絕大多數記憶不可或缺的一部分。那麼ＰＰＡ處理什麼？

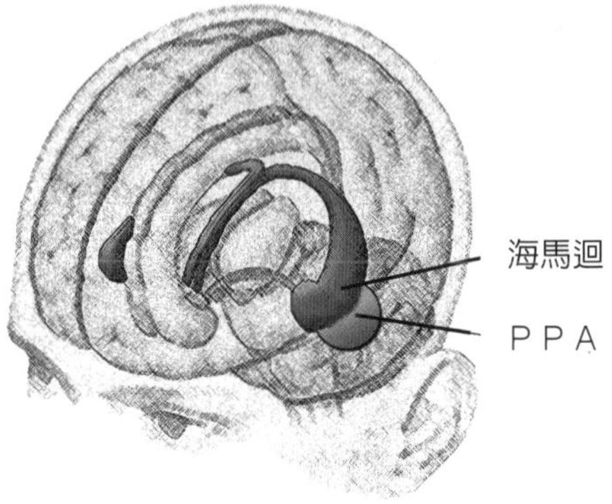

圖㉓：海馬旁迴位置區（ＰＰＡ）

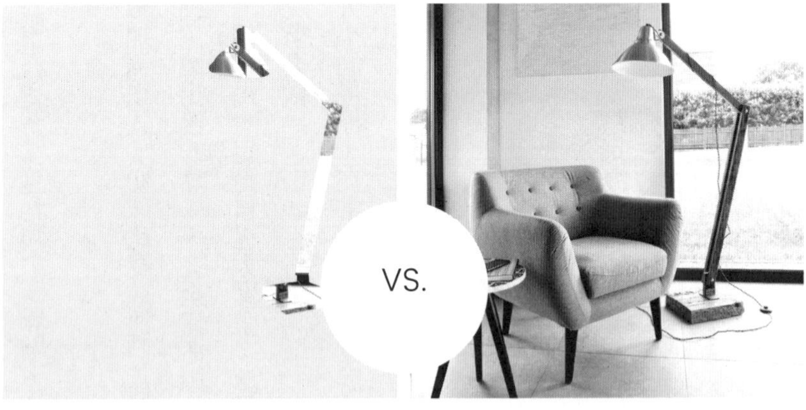

圖㉔：ＰＰＡ負責處理環境資訊

爲了找出答案，學者掃描研究對象的腦部，讓他們看幾十張常見物品的圖片，要他們盡量記住。關鍵來了：有些物品背景是空白的，其他則出現在眞實場景中。結果，只有當物品出現在眞實場景裡，PPA才會明顯活躍，雖然受試者並沒有刻意關注或用心記憶那些背景。

正如我們在第三章學到的，位置細胞會自動將空間配置編碼載入新的記憶。不只如此，這些實體特徵也像空間配置，可以用來作爲重建記憶與預測未來的引導提示。

有個一九七〇年代的研究或許最能闡釋這個觀點。研究者要求一群深海潛水玩家在六公尺深的海裡記憶一組單字。隔天，其中一半受試者重新潛入六公尺深的海裡，另外一半留在陸地上，各自背出前一天記憶的單字。你猜結果如何？

雖然記單字時沒有人特別留意周遭的蔚藍海水、色彩繽紛的珊瑚礁和熱帶魚，這些資訊仍然編碼並嵌入所有人的記憶裡。因此，潛水那些人記住的單字比在陸地上的人多出百分之三十五。

環境不只有實體特質：它們還有氣味、聲音與質地等。這些環境的「感官」面向也編進我們創造的每個記憶。此時此刻你鼻子聞到的味道，耳朵聽見的聲音，皮膚碰觸到的質感，不管你是不是刻意留心那些感受，它們都會變成這個句子的記憶的一部分。

簡單來說，我們學習的所在，最終會變成我們所學的一部分。學者稱之爲情境依賴學習（context-dependent learning）。這就是爲什麼我們在工作場合以外的地方偶遇同事時，經常認

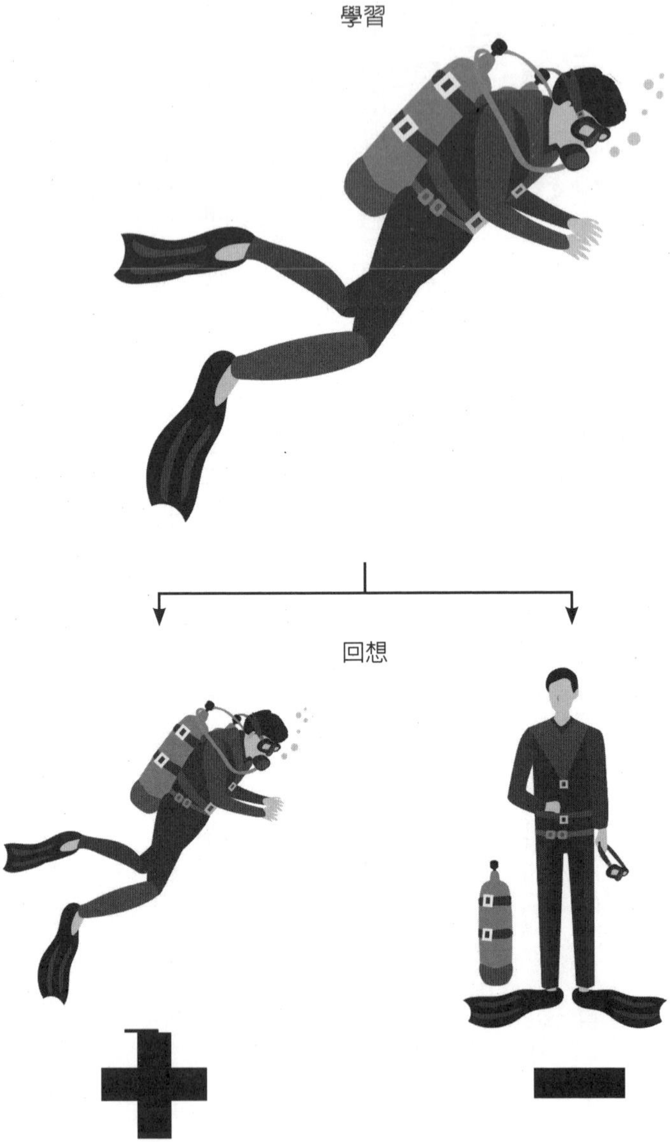

圖㉕：情境依賴學習

不出來；爲什麼某些氣味可以喚起鮮明的記憶；又爲什麼回到兒時成長的地方可以想起遺忘已久的舊事。

狀態依賴

除了外在環境，還有另一個特質似乎也載入我們形成的每個新記憶：我們的內在環境。爲了理解我這話的意思，請想像以下情境。

星期五夜晚，你來到酒吧參加社交活動。你跟絕大多數人一樣，不習慣跟陌生人閒聊。爲了讓自己順利進入狀況，你匆匆灌了幾杯雞尾酒……喝到剛好放得開的程度。整體來說聚會成果斐然。那天晚上就寢前，你再瀏覽一遍收集到的十幾張名片。有些是工作機會，有些可以談合作計畫，其中一個是潛在約會對象。之後你睡著了，對未來充滿樂觀期待。

隔天早上你睜開眼睛，卻是一陣錯愕……你想不起來哪張名片代表什麼機會！你隱約認得幾個名字，細節卻忘了。艾力克斯是工作機會或浪漫對象？傑若米是潛在合作對象，或者你答應幫他安排工作？

眞是一場災難。

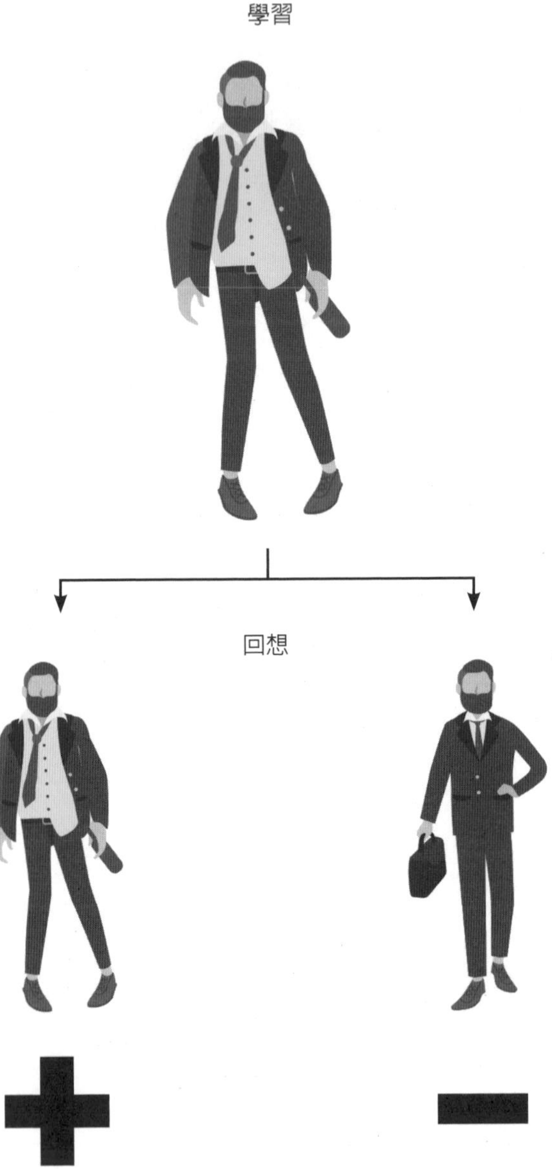

圖㉖：狀態依賴記憶

現在請你思考以下問題：如果你想喚回記憶、回想哪張名片代表什麼機會，最有效的辦法是什麼？

答案：喝杯酒！既然你收集那些名片的時候處於酒醉狀態，就可以利用酒醉充當引導提示，重建相關記憶。事實上，十九世紀初的生理學教科書就出現過這樣案例。有個愛爾蘭郵差午餐時痛飲一番，喝醉後不小心遺失一個高價包裹。隔天早上清醒以後，怎麼都想不起來包裹在哪裡弄丟的。不過，那天下午他又喝茫了，竟能直接走到他誤送包裹那戶人家。同樣的情況也發生在人們受咖啡因、尼古丁、大麻、迷幻藥或其他興奮或鎮靜藥劑影響時。

除了藥品，這個觀念也適用於情緒。我們開心、哀傷、生氣、害怕或憎惡時形成的新記憶，都會充滿那種情緒，未來我們處於同樣狀態時比較容易想起。

這就是爲什麼軍隊的訓練都在極端高壓的情況下進行。士兵需要喚起戰鬥技巧的場景，不太可能是悠閒的星期天坐在泳池旁喝瑪格麗特。相反地，他們多半在最緊張多變的時刻，才需要運用這些技能。因此，軍方設法讓士兵受訓時的內心狀態跟他們需要展現戰鬥力時一樣。

一言以蔽之，我們學習時內心的感受，會成爲我們最終學習到的內容不可分割的一部分。學者稱之爲狀態依賴學習（state-dependent learning），這也是爲什麼有時候我們必須灌下三杯拿鐵才能專心工作；某些日子就是沒辦法投入長期計畫；偶爾在高壓情境下把最簡單的任務搞砸。

擺脫依賴

現在你可能有點懷疑。

當然，你在冷凍食品走道遇見會計部門的芭芭拉時可能不認得，在電影院碰見銷售部的丹尼斯卻輕鬆就認出來。你出席氣氛緊張的會議時，可能想不起放鬆的假期裡的小事，但在安靜祥和的晚宴上卻能鉅細靡遺談論那段亂流頻頻的驚悚航程。

很顯然，如果我們學習到的所有東西永遠都跟學習當下的特殊情境綁在一起，我們什麼事都辦不成。因爲我們每次出門，都得把過去學過的觀念重新學一遍。這代表一定有某種程序可以讓資訊與特定情境脫鉤（decouple），方便我們在任何情境下取用。

確實有。祕訣就在多樣化。

情節與語義記憶

爲了理解我的意思，我們還得更深入探討記憶。

在第三章的「新聞專欄」圖片裡，我們學到敘述性記憶是我們記住特定事實或事件的能力。原來，敘述性記憶有兩種明顯不同的類別：情節（episodic）和語義（semantic）。

情節記憶與特定時間和地點緊密連結。比方說，我記得我姪女五歲生日當天下午，我把她的冰淇淋蛋糕掉在廚房地板上。另一方面，語義記憶是獨立於特定時間與地點外的事實或事件。例如我知道「生日」這個詞代表某個人出生的週年。

底下分別是情節或語義記憶？

1、去年我經過別人家的院子，那戶人家的狗咬了我的腳踝。

2、狗通常有四條腿。

3、兩千年我在坎培拉一家酒廠打破一整瓶葡萄酒。

4、坎培拉是澳洲首都。

5、上星期我朋友珍和約翰來公司拜訪我。

6、珍和約翰這兩個名字經常被用來代替眞實姓名。

答案：情：語：情：語：情：語

我們學習到新資訊時，這個資訊跟學習當時的特定情境之間會有強烈連結。換句話說，所有

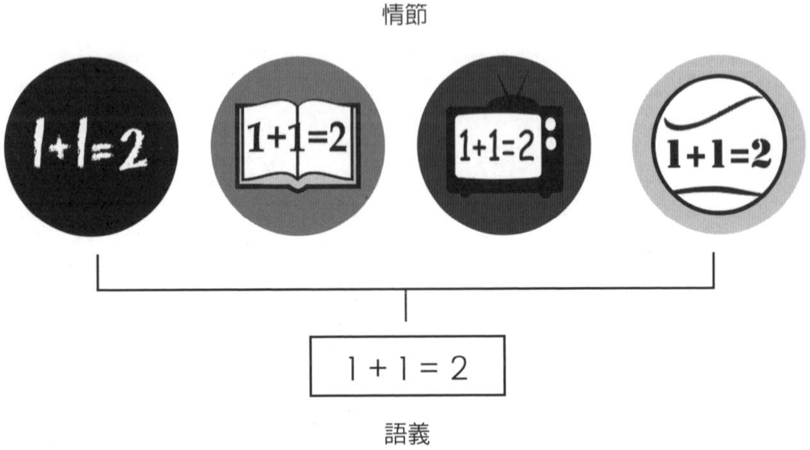

圖㉗：語義記憶包含相關情節記憶裡全部的共通資訊……

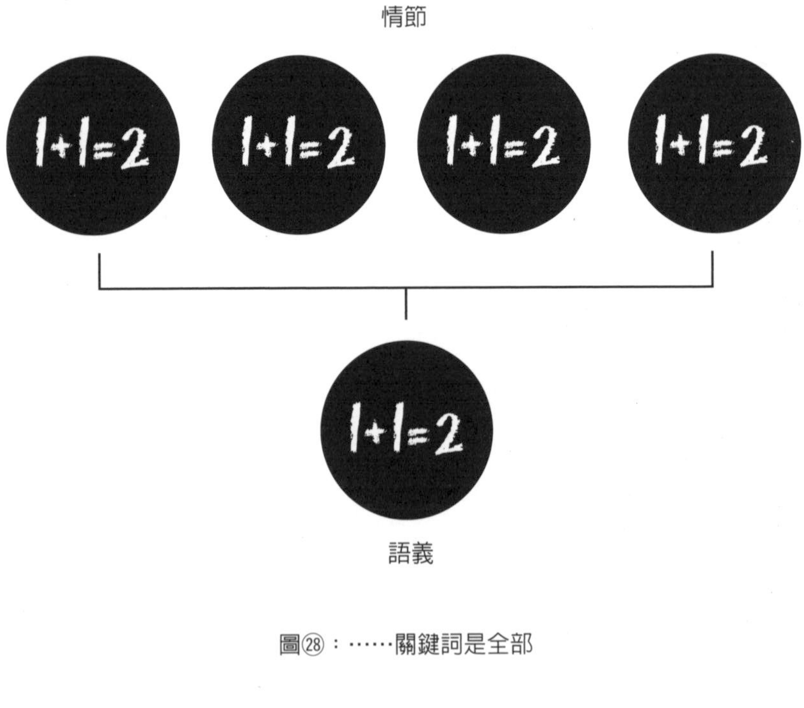

圖㉘：……關鍵詞是全部

新記憶一開始都是情節記憶。然而，當我們在許多不同場景遇見那筆資訊，它就可能跟特定場景分離，變成獨立的事實。換句話說，只要在不同情境下重複接觸，語義記憶就會出現。

舉例來說，想像一個小孩在四個完全不同的環境裡做四種不同的數學練習：教室、圖書館、家裡和體育課時。每一次練習都會創造一個包含相關場景與狀態細節的特有情節記憶。最後，那孩子會比對這些情節記憶，存取其中任何共通特點，用這些相似點創造一個全新、特有的語義記憶。以這個例子來說，由於唯一的共同點是數學，所以她的語義記憶可能會是：「數學是一種獨立的技能，可以在各種環境下自由使用。」

可惜的是，這個進程可能會有反效果。想像同一個孩子上了四堂數學練習，只是這回每一次課程都在教室裡，也就是說，每次課程都在相同的環境進行。如同先前一樣，每一次課程會形成一段特有的情節記憶，最後這些記憶會被拿來相互對照，過濾出共通性。然而，由於這些記憶的每個面向幾乎都相同，她的語義記憶可能會是：「數學是一種技能，只能在特定教室裡使用特定黑板運用。」這些額外細節只是加深了情境與狀態依賴，這些數學技巧將來勢必難以在其他不同情境活用。

回到本章開頭的話題。這就是爲什麼穆尼沒辦法在眞正的高爾夫球場有好表現。他只在同一個地點練習這項技能，他建構的語義記憶可能是，「切球是一個在後院用焚燒桶和舊鐵鍬使用的技能。」當時他只要換到其他地點練習，採用不同的目標，或偶爾把鐵鍬換成草耙，也許有機會把基本的切球技巧從任何特殊情境中分離出來，在高爾夫球場的比賽中贏得好成績。

真實生活中的例證

事情是這樣的：

- 如果我們在單一地點或情境中讀書、訓練或練習，我們的學習會跟這個地點或場景緊密結合。基於這個原因，我們可以預期在相同情境下會有好表現，離開這個情境就明顯下滑。
- 如果我們在不同地點或情境讀書、訓練或練習，我們的學習就會跟任何特定地點或場景脫鉤。因此，我們可以預期在各種情境下都有好表現，包括沒去過的陌生情境。

現實生活中最能證明這個觀點的例子或許來自體育活動。「主場優勢」指的是比賽隊伍在平日練習場地的優秀表現。有趣的是，雖然幾乎所有體育項目都有主場優勢現象，它的作用卻相當小……除非是剛組成的新聯盟。任何新聯盟剛組成的二到三年，主場優勢的影響相當大，這是爲什麼？

問題不在一般技巧（我們可以假設選手擅長他們自己的運動項目）。相反地，那牽涉到某種球隊特有（team-specific）技巧。當新聯盟組成後，運動員必須學習跟過去從沒見過的隊友建立關聯，必須參與他們過去不曾參與過的比賽，還得信任過去不曾合作過的指導團隊。最重要的是，這些團隊特有的學習都發生在各隊的主場地。

各隊一星期又一星期在同一個環境練習這些技能，於是形成非常強烈的情境與狀態依賴。體育館的布置、場地的各種特點、球場四周的廣告、空氣品質和當地食物等，都會跟團隊特有技能結合，到了正式比賽時，就會出現明顯的主場優勢。

然而，累積多年在不同場地的客隊經驗後，這些技巧開始跟特定場地脫鉤。最後，主場優勢消退，各隊開始在不同場景與運動館有一致性的表現，即使在第三地也是一樣。

給領導人、教學者與教練的提示

1、如果要抽離運用，訓練情境最好模仿場地情境

在中學體育館的期末考。

在大會議室的年終報告。

在當地劇場的大型試演活動。

如果清楚知道正式上場的時間、地點與場景，練習情境就可以模擬上場時的情境（愈接近愈好）。比方說，如果演講場地的牆壁是紅色的，那麼最好在有紅色牆壁的房間做準備。這麼一來，與情境有關的相關資訊（紅牆）會跟新記憶結合。等到正式演講時，這個環境（紅牆）可以用來當作引導提示，方便存取並運用相關記憶。

許多研究顯示，實地訓練的勞工、在測驗地點讀書的學生和在正式比賽場地練習的運動員，都會有較好的表現。所以，記取穆尼的教訓：讓學員在他們將來要表演的舞台磨練技巧。

2、如果要彈性運用，就混合不同學習情境

撰寫任何主題的論說文。

給幾十名客戶的產品文宣。

即將世界巡迴演出的舞台秀。

如果必須在多個不同的未知場景展現技能，那麼訓練最好也在同樣多的不相同情境進行。擁擠的室內與空蕩的室內、私人空間與公共空間；小場地與大場地。訓練時接觸愈多不同場景，觀念和技能就愈容易跟任何特定情境分離。這麼一來，未來置身不預期或不熟悉的場地時，相關記憶就更容易被喚起、應用。

許多研究證實，在多個場景受訓的員工、在不同地點學習的學生和在多樣場地訓練的運動員，在陌生環境的表現更傑出。同樣地，記取穆尼的教訓：如果學習者想廣泛運用技能，就協助他們在不同地點接受訓練。

「一個人想『學會』某個新概念，必須接觸多少次？」

很可惜，這個問題沒有固定不變的答案。有時候只接觸一次就學得新概念（比如拿起燙手的鐵塊），卻也可能接觸幾十次也學不會（你背得出歐洲所有國家嗎？）再者，人們學習新概念的速度跟他們已知的概念密切相關。舉個例子，如果我要學習新語言，光是弄懂基本規則就需要許多接觸與練習。然而，一旦我累積了基本字彙，學習新詞語就會快速又輕鬆，因爲那時我已經有扎實的基礎可以跟新觀念連結。

說到這裡，有個經驗法則：學者可以只憑人們與某個特定概念接觸和互動的次數，預估他們是不是能學得會，準確率大約百分之八十到八十五。只接觸新概念一兩次的人，事後通常回想不起來，而接觸三次或以上的人通常都可以。

你可能在想，我只要複習一個觀念三次，肯定就忘不了。很可惜，事情不是這樣。想想數以百計的電台廣告迅速重複電話號碼三次，我猜那麼多電話號碼你記不住幾個。也就是說，單單重複是不夠的。如果要學會某個概念，每一次接觸都得深思熟慮、清楚明確。如果沒經過有意識的思索和／或互動，恐怕永遠學不會。

「語義記憶形成後，情節記憶會有什麼變化？」

好消息——沒有變化！雖然情節記憶是語義記憶的基礎，那不代表一旦語義記憶形成後，我們就無法再喚出它。事實上，這兩種不同記憶相互配合，各自扮演對方的引導提示。

舉例來說：一九九七年黛安娜王妃在巴黎一處地下道發生車禍過世。你多半有這筆獨立資訊儲存在一段沒有情境的語義記憶裡。然而，你讀到這句話時，會不會想到你聽見這場悲劇時人在哪裡、內心什麼感受？

在這種情況下，語義記憶可以引導出情節記憶。

接下來再想想你參加中學畢業考的心情。你喚出這段情節記憶時，腦海有沒有浮現其他資訊？也許你想起了總成績、之後就讀的大學、人的一生中參加的無數考試。在這種情況下，情節記憶可以喚出語義記憶。

3、善用感官以喚回記憶

如果我們學習時看見、聽見、嚐到、聞到、感受到的一切都變成新記憶的一部分，那麼我們可以運用感官來提升未來的表現。

可能性沒有極限。如果你接受訓練時嚼某個口味的口香糖，正式上場時可以利用同一種口香糖便利存取相關記憶。如果你訓練時穿著特別柔軟的上衣，上場時可以穿同一件上衣，方便喚回相關記憶。如果你訓練時用某一枝筆、聞到某種空氣清香劑、哼某個旋律……這些簡單、通常意識不到的感官提示都能用來增進未來的回想。

緊迫問題三：音樂

「K書的時候聽音樂究竟幫助或妨礙學習？」

答案完全取決於如何運用音樂。

爲了理解我的話，我們先快速探討隨機共振（stochastic resonance）這個概念。

這個聽起來怪唬人的名詞其實不難理解。基本上，隨機共振的意思是，如果在刺激（stimulus）上附加雜訊（noise），那個刺激就更容易被感知。

舉個簡單例子，看看圖㉙最上面那幅圖。你也許看得出來，卻有點難度，畫面有點模糊，不容易看清楚。

接下來換中間那幅圖，看看我們增加一層雜訊後的結果（在這個例子裡，附加的雜訊只是舊電視機頻道之間會出現的隨機靜電訊號）。不可思議的是，增加雜訊使得圖片更容易判讀。

既然增加一層雜訊可以增加清晰度，那麼增加幾層雜訊，圖片肯定變得一清二楚，對吧？你也看到了，我們加了太多雜訊後，影像反而劣化，又變得難以判讀。

這些跟學習時聽音樂有什麼關係？

你大概也猜到了，音樂可以充當大腦內部的隨機共振來源。當音樂進入你的耳朵，在大腦特定區域觸發某種型態，這些型態會在你的注意力網絡（attention network）裡共振，方便你專注並解讀相關資訊。

然而，請記住兩項重要警語。首先，每個人的門檻都不一樣。意思就是，沒有一個一以貫之的「正確」標準。某些人覺得恰到好處的雜訊，對其他人可能是太少或太

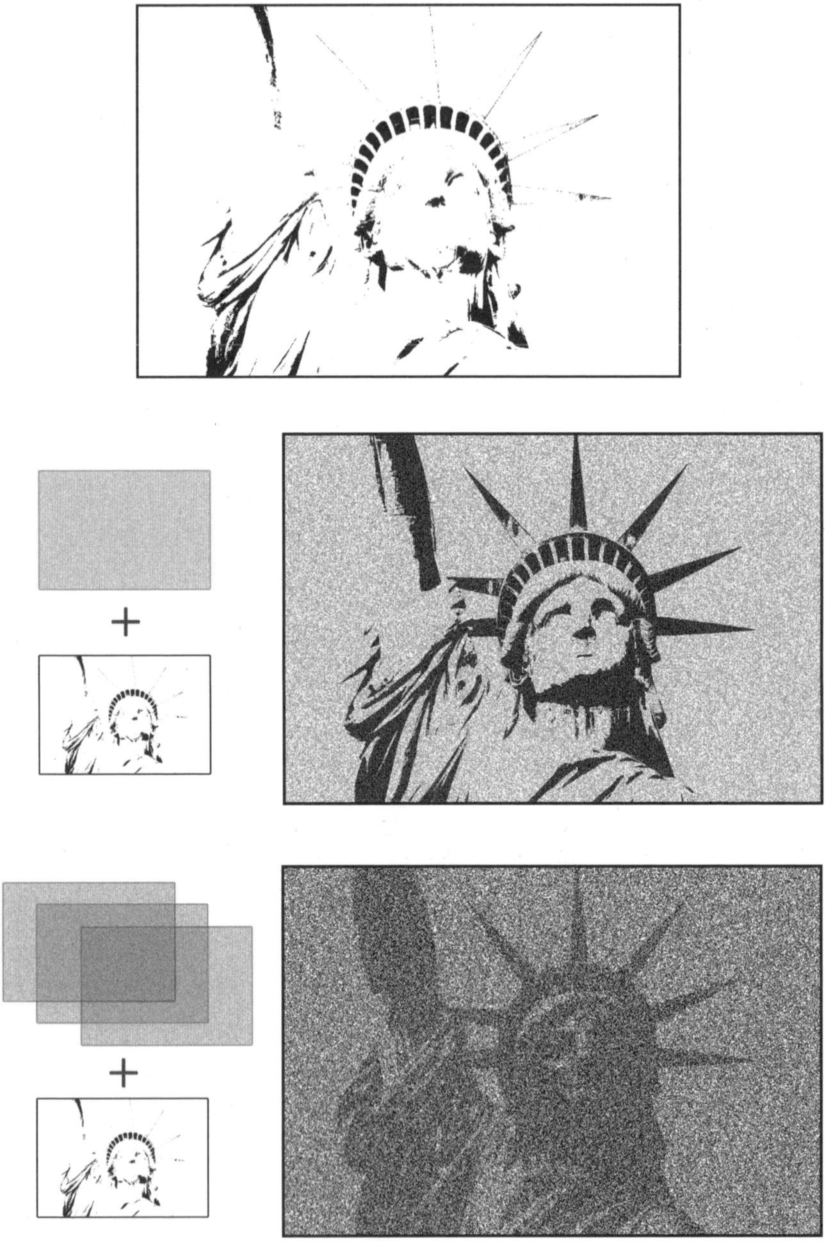

圖㉙：雜訊能增強刺激效果……但過猶不及

多。這就是爲什麼某些人可以在嘈雜的咖啡館K書，其他人卻必須去安靜的圖書館。第二，音樂要能產生隨機共振，就必須始終停留在雜訊狀態。這個意思是說，音樂必須有相當的可預測性，不至於吸引你的注意力。一旦音樂出乎意料，它就不再是雜訊，而是一種信號（某種吸引你的外顯注意力、讓你分心的東西）。

這不代表音樂必須單調乏味，只要高度可預測就好。比方說你已經聽過幾百次的專輯，那些音樂幾乎確定會弱化爲雜訊。然而，如果你讓你的 iPod 隨機播放，每隔三到四分鐘就出現不預期或無法預測的歌曲，這時音樂就變成信號，吸引注意力，影響學習。

緊迫問題四：古典音樂

「聽莫札特會讓我變聰明嗎？」

不會。

4、運用情境依賴效應幫助他人辨識資訊

如果你希望別人輕鬆又快速辨識某項資訊（不管是你公司的名稱、某種產品或某個重點概念），別忘了爲它附加各種清晰又持續的情境元素。你現在應該已經知道，即使人們不會有意識地注意這些元素，這些元素會跟他們學習到的內容緊密結合，未來可以用來當作引導提示，喚回那筆重點資訊。

前後一致的標誌、色彩搭配、網頁設計、廣告歌曲、旁白、廣告格式等。這些情境面向不能取代學習（人們要形成記憶，還是得用心體會你的公司、產品或概念），卻可以作爲日後辨識與回想時的提示。

5、愼防學習時的狀態依賴

人們經常拖到上場前一天才開始複習（根據某些調查，百分之九十九的學生承認他們只在考試前一天晚上K書……另外那百分之一沒說實話）。這種臨時抱佛腳的讀書方式通常少不了咖啡因、尼古丁、酒精、垃圾食物等助陣。

如我們前面討論的，這些化學物質會變成學習記憶的一部分。因此，等他們恢復到純淨清醒

的狀態，少了準備過程中的化學物質，記憶與表現會明顯下降。

我不是你媽，不會告訴你該或不該攝取哪些化學物質。我要說的是，最好別忽視狀態依賴效應。如果你準備時處於某種獨特狀態，正式上場時最好模擬那種狀態。相對地，如果你知道上場的時候會處於某種特殊狀態（比如說喝過雞尾酒吃過晚餐後做簡報），那麼做準備時最好模擬這種狀態。

重點整理

人們練習的所在地和練習時的感受，會形成他們所學內容不可分割的面向。

- 外在環境（實體與感官）會嵌入所有新記憶（情境依賴）。
- 內在環境（化學物質與情緒）會嵌入所有新記憶（狀態依賴）。
- 情節記憶與特定時間地點不可分割。
- 語義記憶是從相關情節記憶提取共通點而形成。

應用

1、如果只是單次活動，訓練情境最好模擬上場時的情境。

2、如果要多次運用，就混合訓練情境。

- 通常需要三次接觸，才能「學會」單一觀點（形成語義記憶）。
- 語義記憶不會取代情節記憶。

3、善用感官以喚起記憶。

- 作為雜訊，音樂有助於集中注意力，增進學習。

・作為信號，音樂會讓人分心，妨礙學習。

・古典音樂不能增強記憶或智力……抱歉。

4、利用情境增進辨識。

5、複習時慎防狀態依賴效應。

中場休息 2

請用大約十五秒賞析這張成人教育舊海報

GET A-HEAD!
FOR ADULTS AT NO CHARGE
ADULT EDUCATION CLASSES
MANY COURSES · · MANY PLACES

5

多工能力

一個人能一面安穩地開車、一面接吻，只是因為接吻不夠認真。

——無名氏

這章開始先來個小遊戲。玩這個遊戲你需要紙、筆和計時器。

第一回合

這個回合你的目標是在十秒內完成兩項不同任務。

1、將紙張分為左右兩欄。

2、計時器設定十秒。

3、計時器開始後，在左邊那欄由上而下依序寫出從A到L十二個英文字母。用最快的速度完成。

4、字母完成後，在右邊那欄由上而下依序寫出1到12的阿拉伯數字。同樣地，用最快的速度完成。

看看你能不能在十秒內寫出共二十四個字母與數字。

預備……開始！

我猜時間結束前你順利完成，或者接近尾聲。接下來我們再玩一次，不過這回我們做個小小改變……

第二回合

這個回合你的目標是完成跟上面一樣的兩項任務，只是這次你要在兩項任務之間快速輪動。

1、紙張分成左右兩欄。

2、計時器設定十秒。

3、計時器開始後，在左邊欄位寫第一個英文字母（A），接著在右邊寫第一個數字（1），接著左邊寫第二個字母（B），右邊寫第二個數字（2），以此類推。

同樣地，看看你能不能在十秒內寫出全部二十四個字母與數字。

預備……開始！

如果你跟大多數人一樣，這回可能兩邊各完成大約三分之二。更重要的是，雖然這項任務不算特別困難，你卻可能發現自己愈來愈慌，出了幾個錯，也許重複同一個數字，或需要在心裡默念英文字母，才能想起下一個字母。

這是怎麼回事？爲什麼第二回合難度比第一回合高？

注意力過濾器

這個世界混亂無序。

我寫這些字的時候，坐在擁擠的咖啡館裡，幾十個顧客川流不息從我桌子旁走過，義式濃縮咖啡機在我耳畔嘶嘶作響，兩個女孩嘰嘰喳喳爭論某個名叫查德的男孩的課外活動。周遭這麼多喧囂，能夠完成任何事都算奇蹟。然而，我們不知怎的竟能穿越那片喧鬧，專注在那些當時對我們有意義的景象、聲音、滋味、氣味和感受。

這就是注意力的力量。

要了解注意力如何運作，最簡單的辦法就是將它想像成過濾器。注意力很像我們小時候戴的那種只允許特定波長的光線通過的３Ｄ眼鏡，它只容許相關資訊進入有意識的覺知（conscious awareness），阻擋不相關的資訊。我們在上一章學過，被判定爲不相關的資訊同樣會進入我們的記憶（情境與狀態依賴），卻不會被有意識地處理。

這就引出一個重要問題：什麼東西判定某筆資訊有相關性？答案取決於我們從事的特定任務。正如桌遊，我們從事的所有任務（不管是寫電子郵件、統計帳單，或只是出門遛狗）都伴隨一組獨特的規則，限定需要哪些行動才算「達成」。比方說，爲了順利讀完目前這些文字，你的閱讀規則集（ruleset）限定你的視線必須沿著每一行由上而下移動、在句子結束前記住每一個字、用手指翻頁等等。

我們從事某項任務時，相關規則集必須先載入腦部一個名爲側前額葉皮質（lateral prefrontal cortex，我們簡稱 LatPFC）的小區域。載入 LatPFC 的特定規則集會決定哪些資訊相關、哪些又不相關。比方說，此刻你的閱讀規則集載入你的 LatPFC，調整你的注意力過濾器，允許這些橫橫豎豎的黑色筆畫進入有意識的覺知，在此同時阻擋紙頁在你指尖的觸感、本頁底部的章名，以及你周遭的任何聲響等等。

我經常以一九八〇年代的舊式電視遊樂器系統比喻這整個過程。在這種情況下，每一款遊戲（任務）有一組獨特的角色、控制鈕和目標（規則集）。任何時候你想玩某一款遊戲，就把相關的卡匣插入遊戲機（LatPFC）。遊戲載入後，電視螢幕就會顯示那款遊戲的主角、壞蛋、武器等等（注意力過濾器）。

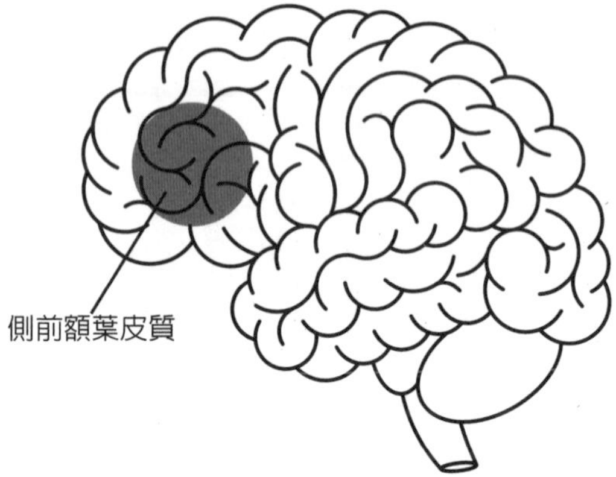

圖㉚：側前額葉皮質（LatPFC）

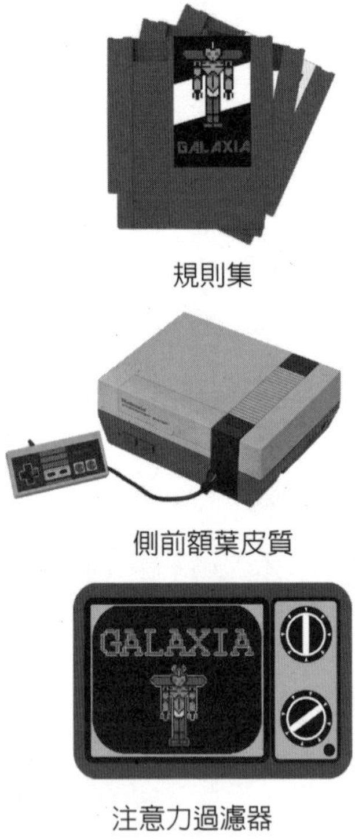

圖㉛：每次只能載入一組規則集

誰來主導？

繼續引用電視遊樂器的比喻，任何時候由誰來選擇玩哪一種遊戲？

主要的挑選者是你。透過腦部一個名爲背側注意力網絡（dorsal attention network）的特定系統，你個人的目標、想望和意圖被用來挑選相關的規則集。此時此刻因爲你選擇讀這些字，你的背側網絡喚出你的閱讀規則集，載入你的 LatPFC，從而設定你的注意力過濾器。

然而，想像有一隻發怒咆哮的熊突然衝過來。嚴格來說，這頭熊跟你當下選定的閱讀目標不相關，你的過濾器應該將它擋下來，所以你不應該有意識地覺察牠的存在。事情顯然不是這樣。如果有一頭熊突然出現，我猜這本書還沒掉到地上，你已經跑出屋外。意思是說，大腦某個地方一定有個次級篩選器。

沒錯，確實有。

有個名爲腹側注意力網絡（ventral attention network）的系統在背景運作，持續（下意識地）監控你的注意力過濾器判定爲不相關並加以阻擋的資訊。如果發生某種令人震驚或意想不到的事，比如一隻熊朝你跑來，這個次級系統會自動接管，載入另一組規則集（「逃離那頭熊」規則集），從而改變你的注意力過濾器。

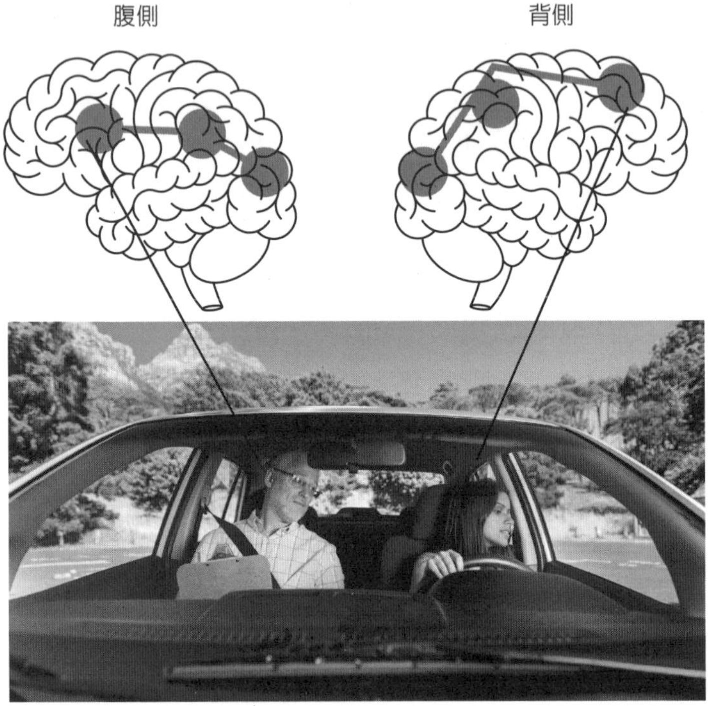

圖㉜：背側與腹側注意力網絡

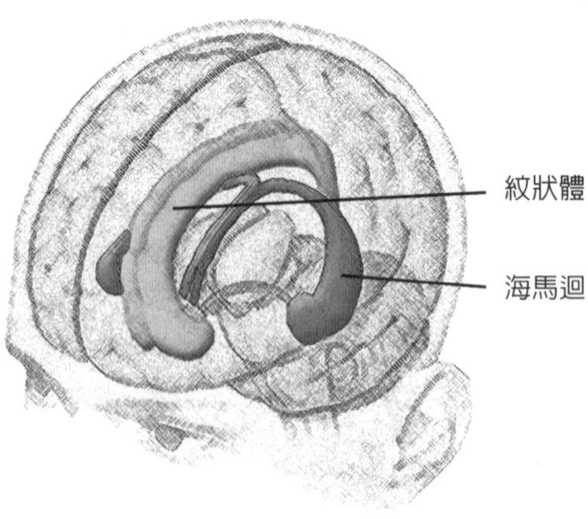

圖㉝：紋狀體

有個簡單的方法可以了解這兩套網絡如何運作，那就是想像汽車駕訓班那種有兩套方向盤的教練車。大多數時候汽車由學員駕駛（背側網絡），有意識地專心以某種特定方式行駛、轉彎。然而，默默坐在旁邊的教練（腹側網絡）始終提高警覺，隨時覺察周遭世界，萬一發生危險，可以立刻接手。

那不是多工能力，而是作業轉換

回想第一章我們學到，同一時間閱讀和聆聽別人說話會導致處理瓶頸。原來在這裡我們也碰到同樣的問題。就像電視遊樂器主機，LatPFC一次只能保留一組規則集。

換個方式說：我們沒辦法一心多用。

等等，你可以一面上網一面寫電子郵件；可以一面開會一面發簡訊；可以一面閱讀一面更新臉書動態。這些難道不是一心多用的多工能力？

出乎意料的是，那些不是。

雖然我們經常以爲自己擁有多工能力（multitasking），其實我們從來不能眞正一心多用。相反地，我們其實是在不同任務之間迅速來回切換，每一次都更換我們在LatPFC裡的規則集，學者稱之爲作業轉換（task-switching）。那很像在同一部電視機觀看兩個不同節目：沒錯，你可以快速轉台，可是你同一時間永遠只能看一個節目。

這有什麼重要的？原來我們在不同任務之間切換，會導致三種主要後果。

代價1：時間

作業轉換不是即時程序。我們從一項作業跳接到另一項作業的過程中，注意力會短暫「關閉」，等待過濾器更新，學者稱之爲注意力暫失（attentional blink）。這段期間本質上是感官死角：無法有意識地處理任何外來資訊。

雖然注意力暫失十分短暫（零點一到零點二秒），但每次我們轉換任務就會發生。因此，當作業轉換的次數增加，我們處於感官死角的時間也隨之增加。想想本章開頭那個遊戲，這就是爲什麼你在第一回合（單一任務）的達成率高於第二回合（多重任務）。

代價2：準確性

作業轉換不是無縫接軌。我們從一項任務轉換到另一項任務時，有一段短暫時間裡兩套規則集會混合，學者稱之爲心理反應回復期（psychological refractory period）。在這段時間內，一般表現都會變差。

你有沒有試過邊寫電子郵件邊跟人聊天，一不小心打出你想說的話？是否曾早上趕著出門上班，不小心把咖啡倒進穀片碗裡？偶爾必須輪流寫文字和數字（比如本章開頭的情況），不小心把數字的順序寫錯？這些都是眞實生活裡的心理反應回復期現象。

代價3：記憶

這本書讀到這裡，每次你聽見「記憶」這個詞，應該會立刻想到大腦的某個區域：海馬迴。有趣的是，作業轉換時，海馬迴的活動減少，顯示一心多用會妨礙記憶形成。

更糟的是，作業轉換過程中，大腦紋狀體（striatum）的活動會增加。這個區域下意識地處理反射性與重複性技能（比如走路）。也就是說，一心多用時學習到的資訊通常儲存爲慣性動作，未來很難有意識地喚出運用（請精準描述你走路時使用的肌肉動作）。

真實生活裡的作業轉換

想像你在開車，一頭鹿突然闖到你的車子前。你覺得你需要多少時間做出反應？如果你當時專心開車，那麼你辨識出那頭鹿、踩下煞車大約需要一秒。

值得注意的是，如果你處於酒醉狀態，反應時間會延長爲一點一五秒。酒精會抑制感官處理效率，減緩人們辨識周遭世界並做出反應的速度。據估計美國每年有二十七萬五千件車禍是酒精造成，大約每兩分鐘一起。

恐怖的來了。如果你開車的時候讀或發文字簡訊，你緊急煞車大約需要一點三秒。每回你的注意力在手機和路況之間切換，就得更新相關規則集。如果加上酒精導致的反射延遲，這個程序的時間就增加一倍。美國每年大約有一百六十萬件車禍就是這樣發生的：大約每二十秒一件。

真糟……而且愈來愈糟

從零（糟透了）到十（棒透了），你給自己的多工能力打幾分？

信不信由你，你給自己的分數愈高，多工能力恐怕愈差。學者持續發現，認爲自己多工能力超強的人，往往最看不清楚自己切換不同任務的本事有多糟。

再者，「熟能生巧」這個成語不適合拿來形容多工能力。事實上，經常一心多用的人在作業轉換時，通常表現比極少一心多用的人差。更糟的是，經常一心多用會增強人們對自己多工能力的信心……因此更常一心多用……因此更具信心……以此類推。

沒錯，如果你刻意花時間練習同時做兩件事（比如邊寫電子郵件邊發簡訊），也許有機會強化這兩項任務之間的切換速度。可惜的是，這不代表你的「多工能力」普遍增強，能夠在任何兩項任務之間順暢轉換。我們之前學到了，你邊寫電郵邊發簡訊的能力增強，幾乎可以確定是因爲你的紋狀體建立了慣性動作。也就是說，這會是一種下意識技能，很難精準地提取出來運用在其他作業轉換上。

超級多工高手登場

小小警告：你讀接下來這部分的討論時，可能會想「就是我！」眞相是，讀這本書的人之中，每一百個只會有一個符合標準。換個方式表達：你們之中有更多人耳朵上面有個洞（稱爲耳前荳管〔preauricular sinus〕），據說是咱們魚類祖先的鰓的殘遺；更多人腦袋後側有兩個方向相反的髮旋（雙頭頂）；更多人拇指可以往後彎、碰觸手腕（鬆筋症〔hypermobility〕）。

只是順口一提。

在二〇一〇年一項多工能力研究中，研究人員要求受試者背一組單字、心算一道數學題，同時還得模擬駕駛。兩百名受試者當中，大多數人的表現一如預期：奇差無比。他們的反應時間減慢將近百分之二十，記憶與心算能力也分別降低百分之三十與百分之十。

有趣的是，其中五個人的表現沒有任何改變！這些人反應沒有變慢，背單字或心算的能力也沒變差，彷彿他們根本沒有一心多用。

進一步的研究顯示，有一小群人可說是「超級多工高手」。這些人跟一般人一樣，沒辦法同時做兩件事，然而，他們更換規則集的速度卻快得令人咋舌。這個能力縮短他們的注意力暫失時間，以便快速區分重疊的規則集，因而能克服心理反應回復期現象。

我上面說過了，超級多工高手相當稀少，我自己不敢奢望名列其中。不過，如果你想知道自己是不是，可以上網搜尋「超級多工高手測驗」（supertasker test）。即使結果顯示你跟我們大多數人一樣平凡，這些測驗也能讓你明白一心多用多麼困難、多麼有害。

給領導人、教學者與教練的提示

1、別誘發一心多用

這個不難：如果你想增進效能與效率，又不想太費工夫，就別誘發一心多用。每回我們在課堂上提到某個網址、分派練習問題或秀出複雜圖表，就是製造一心多用的機會，結果往往是妨礙理解、記憶與表現。為了避免這個問題，我們必須確定每個學習任務都有明確的焦點、按部就班的軌跡（請參考底下的提示２），並且騰出一段時間方便聽講者參與並完成。

另外，要求聽講者在課程中關掉電郵、收起智慧型手機、只保留一個網頁。這麼做可能會惹來抱怨，不過當人們專注處理單一任務，他們會更快完成，做得更好，也記得更多。

「如果不可能一心多用，那麼我爲什麼可以邊走路邊嚼口香糖？」

說得對！

眞相是，我們每天都一心多用。我們邊吃東西邊聊天；邊淋浴邊唱歌；邊慢跑邊思考工作計畫。

有趣的來了。如果你細看這些例子，每個都包含紋狀體操控的慣性動作。很可能你已經精通吃東西、淋浴和慢跑這些事，也就是可以不假思索地執行這些技能。這代表我們可以同時執行兩項任務，只要其中一項出於習慣，不需要太多思考。

話說回來，你是否曾吃飯時跟人聊天，聊著聊著忘了吃？或者唱歌唱得太投入、心不在焉地倒了兩次洗髮精？或者太擔心某個計畫，慢跑時意外絆跤？

即使其中一項任務是慣性動作，仍然不能確保一心多用的效率。規則集、過濾器和目標還是可能混淆，以至於影響反應速度、表現與記憶。甚至，超過某個年齡之後，就連邊走路邊說話這種慣性任務都可能互相干擾（這就是爲什麼很多上了年紀的人會站在原地聊天）。

所以說，邊走路邊嚼口香糖當然辦得到，但這不代表我們能一心多用。

緊迫問題二：兩性戰爭第一部

「女人的多工能力比男人強……對吧？」

有不少研究探索這個議題，結論卻莫衷一是：有時候女性表現好一點，有時候男性更優異些，有時候卻平分秋色。

每當研究結果如此分歧，通常有個相當簡單的解釋：個別差異。以這個研究爲例，兩性的多工能力不太可能有顯著差別。更可能的是，某些人的多工能力就是比其他人來得好，與性別無關。當然，我說「好」，眞正的意思其實是「比較不糟」。除了鳳毛麟角的超級多工高手，所有人都不怎麼樣。

「有時候我走進某個房間，會突然忘記進去做什麼。這是怎麼回事？」

正如我們稍早學到，腹側注意力網絡一旦察覺威脅，就會自動卸除我們當下的規則集。這種狀況發生時，所有來不及送進海馬迴的資訊都會被有效抹除。這就像你每次翻到這本書的下一頁，就會忘記前一頁的最後一句。學者稱這種機制爲事件模式清除（event-model purge），不過更通用的說法是記憶抹除（mind wipe）。

如果有隻飢餓的熊走近你，啓動這個機制還有點道理（畢竟小命不保，誰還在乎剛才在想什麼？）但我們只是從一個房間走到另一個房間，爲什麼也會發生呢？原來我們的腹側網絡有時候會把門口判定爲威脅。雖然沒有人確定這是怎麼回事，但一般認爲，當門框快速閃過我們的視野，大腦就會意識到危險，我們的規則集會重新設定，前一刻思考的任何資訊因此被抹除，這叫門口效應（doorway effect）。也是基於這個原因，我們打開冰箱，冰箱門快速在我們眼前晃過，我們突然忘記要拿什麼。

幸好，如果我們回到原本在的地方（或關上冰箱門），就能利用空間、情境和狀態三種引導提示，重建原有的思路，想起原本想做的事。

2、把複雜任務拆解成小段落

很多人面對曠日費時的複雜任務，會直截了當把目標定在最終成果。可惜的是，人們如果設定時日久遠的單一目標（所謂的遠端目標〔distal goal〕），就更容易一心多用。結果是計畫延宕、表現變差、削弱個人對自己技術與能力的信心。

大型計畫如果拆解成各自獨立的小步驟（所謂的近端目標〔proximal goal〕），你更容易堅持並有效完成每個步驟。研究顯示設定較小目標不但可以避免一心多用，還能加速計畫完成、增進成果，提升信心、加深學習效果。

設定近端目標的時候需要記住一件事：難度。如果小目標難度太高，或不可能完成（比方說一小時寫一千字），你就會覺得自己能力不足，容易放棄。相反地，如果小目標太簡單，不費吹灰之力就完成（比如一小時寫十個字），會讓人覺得沒有意義，扼殺創意、創新能力與表現。

因此，將大型計畫拆解成小段落時，謹記金髮女孩原則：別太難，也別太容易。挑戰性與時間的完美搭配是最重要的。

3、確認使用的科技有其必要

很多人使用科技沒有一點邏輯與道理可言。每個學生都有一台筆電；每堂課都上傳網路；每一場討論都在數位訊息看板上進行。背後的觀點好像是：「只要用到電腦，學習一定有成效。」

可惜的是，這根本是個錯誤觀點。一般來說，學習過程中愈常使用科技的人，學習效果通常落後不使用科技的人。

這主要是因爲科技容易導致一心多用。事實上這是大多數程式的本質：智慧型手機同時執行幾十個應用程式；筆記型電腦一個螢幕同時顯示多個視窗；推特總是多個對話串在同步循環。因此，如果你選擇運用科技幫助他人學習，確認所有背景程式都已經關閉，學員才能全神貫注在手邊的任務上。

甚至，只選擇對當下的學習任務有必要的科技。有個不錯的經驗法則：如果你能運用實體教具和互動交流親自帶領整堂課或活動，就這麼做！拋開不必要的科技，擺脫一心多用的誘惑，讓學員保持專注，增進學習成效。

不過，如果學習不是你的最終目標，那麼這裡說的都屬多餘。科技是提升參與度和趣味性的利器，只是，誠如我們先前討論過，參與度和趣味性不是學習的同義詞（還記得艾登堡效應嗎？）。總之要清楚你爲什麼使用科技。如果是爲了吸引人們參與、帶動氣氛，那就放心用吧。如果是爲了幫助別人學習新知，那就確認科技有其必要，否則拋開。

緊迫問題四：媒體多工

「邊看電視邊K書會影響學習嗎？」

我猜你已經知道這個問題的答案。

根據估計，百分之六十的人K書的時候使用不同形式的媒體。可惜的是，用功讀書時看電視、上網或發簡訊，都算一心多用，需要作業轉換，對記憶造成負面衝擊。

更糟的是在群體中使用各種媒體裝置一心多用，這不但妨礙自己的學習，也會影響周遭所有人的學習。換句話說，媒體一心多用會形成有害半徑，範圍內的人都會受到波及。

來個有趣的題外話：想想那些積極鼓勵觀眾邊觀看邊推文或發電郵的節目。這麼做也許可以增加參與度，最終卻會損害觀眾的記憶，因而減低他們將來繼續收看的意願。

4、一次一則訊息

這個概念類似第二章關於圖表和表格的討論，所以我長話短說。做簡報的時候，你口頭上一次只能討論一個觀點。如果你搭配包含多種觀點的投影片或講義，聽講者的注意力可能會在它們之間轉換，因而錯失所有重要資訊。這只是提醒你確認投影片一次只傳遞一個訊息，如果辦不到，就採用給信號（參考第三章緊迫問題二）的方式引導注意力，防止一心多用。

5、避免懸而未決的疑點與過早提出的問題

人類討厭（或喜愛）未解開的謎題。有人認爲這是因爲我們的大腦是預測機器，沒有解答的謎題代表預測失敗，必須加以修正。

有時候在簡報過程中，我們不經意留下沒有討論完畢的概念或觀點。也許我們想說某件事，

卻中途離題，沒再繞回來。或者也許我們開始畫示意圖，卻被岔開，轉向另一個話題。當資訊不完整，很多人會覺得必須完成它，同時又想認真聽你說話，一心多用因而發生。因此，盡量記住討論進行到哪裡，避免話說一半（我知道，說比做容易）。

同樣地，如果你提供的講義上附有稍後才要討論的練習題或反思問題，猜猜會發生什麼事？很多人被未解開的謎題吸引，開始填寫答案，導致他們錯過重要資訊，影響學習。因此，把提問或難題保留下來，等你的簡報討論到相關議題，再提出來。

圖㉞：別誘發一心多用！

重點整理

人類不能一心多用，這麼做會妨礙學習與記憶。

・我們同一時間只能維持一組規則集。這組規則集決定我們的注意力過濾器允許什麼資訊進來。

・一般來說，啟動哪一組規則集由我們選擇，可是任何威脅或驚奇情境都會自動觸發另一組規則集。

・我們沒有多工能力，只是快速在任務之間切換。這需要時間，扼殺準確性，也將記憶推進「下意識」網絡。

・雖然有些人切換不同任務的速度比其他人快，但沒有人真正能一心多用。

應用

1、別誘發一心多用。

・人們可以同時做兩件事，只要其中一件是不假思索的慣性動作。

・女性的多工能力沒有比男性強。

・當人們意識到威脅，會突然發生記憶抹除。

2、把複雜的任務拆解成小段落。

3、確認科技有其必要。

‧K書的時候看電視、上網或發簡訊，會妨礙學習與記憶。

4、一次專注一個訊息。

5、避免懸而未決的疑點與太早提出的問題。

6

交錯

如果你認為冒險不安全，
那就試試一成不變，它會致命。
——保羅．科爾賀（Paulo Coelbo）

想像你是個網球選手，在重要比賽前接受訓練。這次訓練的目標是適應三種不同球路：正拍、反拍、截擊。問題在於，你只能使用球場一小時，所以大約只能接九十球。

以下兩種分解練習，你覺得哪一種能幫你做最充分的準備？

- 選項A：三十次正拍、三十次反拍、三十次截擊。
- 選項B：十次正拍、十次反拍、十次截擊；之後十次反拍、十次截擊、十次正拍；再來十次截擊、十次正拍、十次反拍。

兩個選項裡每種球路你都練習三十次，自然而然會假設三種球路的訓練效果相等。

其實根本不是那麼回事，其中只有一個選項可以讓你在比賽時表現優異。到底是哪一種？爲什麼？

存取者，這位是排序者

我們做的每個動作幾乎都由一系列井然有序的成分動作（component actions）組成。比方說，想

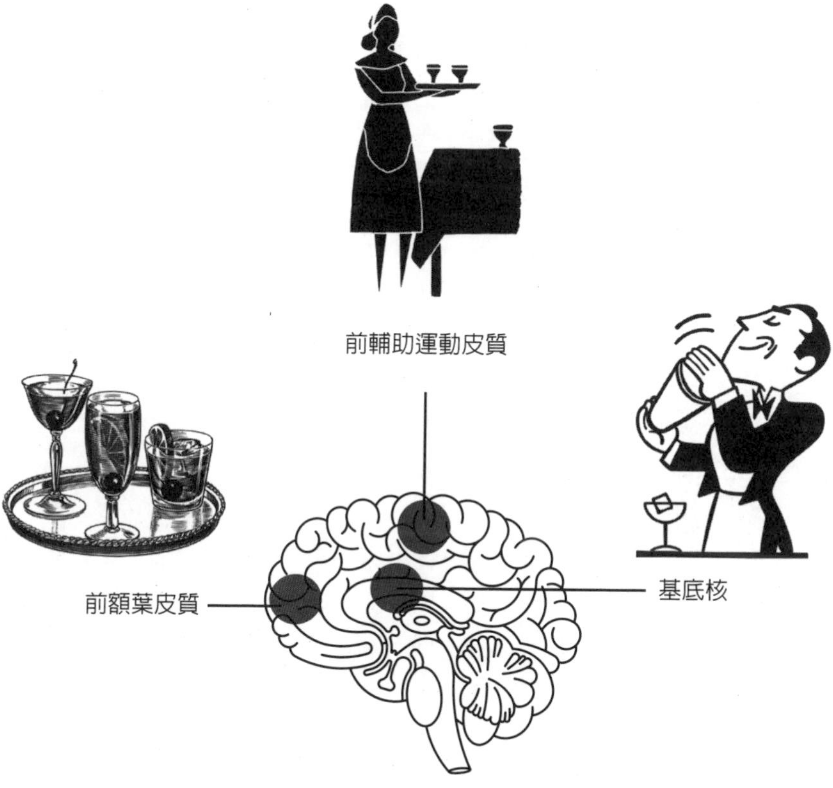

圖㉟：存取者與排序者

想你綁鞋帶的動作：先拉住兩端鞋帶，右邊那條從左邊那條底下繞上來，拉緊，以此類推。

在你的大腦裡，成分動作必須由一個名為基底核（basal ganglia）的網絡提取，再送到前額葉皮質（prefrontal cortex），才能執行。可惜的是，基底核這個區域有點混亂，它把動作送出去執行時，通常毫無順序可言。因此，我們要能夠順利執行某個動作，必須先把成分動作正確排序（你還沒把右邊鞋帶從左邊鞋帶底下繞上來以前，拉緊是沒用的）。負責排序的，通常是大腦一個叫做前輔助運動皮質（presupplementary motor cortex，簡稱 pre-SMA）的區域。

我經常用忙碌的酒吧比喻這個程序，客人的點單大批湧進來，調酒師必須迅速調好每一杯酒（基底核）。接著他把調好的酒放上托盤等待送出（前額葉皮質）。一般來說，這些酒隨機擺放在托盤上，所以服務生必須排列順序，確保每杯酒都以正確順序送到對的顧客手上（前輔助運動皮質）。

從這個比喻你不難看出有個小問題：我們又碰上惱人的瓶頸了。在這個地方，托盤一次能裝的酒有限。也就是說，不管調酒師效率多高，一次也只能送出一小批酒。再者，他必須等服務生排序、分送完畢，才能再把下一批酒放上托盤。

可嘆的是，大腦也有這樣的瓶頸。正如托盤，前額葉皮質同一時間能保留的資訊數量也有限。來個小小體驗，看看你能不能在十秒內記住以下這十三個字母：

F P Q C V O I Y M R F S A

套句我父親以前常說的話：這就像把十磅泥土硬塞進五磅袋子裡。

雖然基底核能以不可思議的速度提取幾十個成分動作，前額葉皮質一次就是留不住那麼多。這就代表基底核必須把動作分成一小批一小批，耐心地等待前輔助運動皮質加以排序，才能送出下一批。

你大概猜到了，這個上傳、排序和重新上傳的過程有點費時，這就是爲什麼小小孩需要一點時間才能學會綁鞋帶。反觀我們這些技巧熟練的成年人綁起鞋帶卻是異常快速，幾乎不需要動腦筋思考。這代表事情應該沒那麼簡單。

確實如此。

排序者，這位是存取者

我把前面那十三個字母重新排序，現在再試試你能不能在十秒內記住它們：

FYIRSVPFAQCOM

我猜這回簡單多了，因爲原本各自獨立的字母已經組成連貫的首字母縮略字。這種把分離項目聚集成統一概念的程序名爲意元集組（chunking）。重點是，在前額葉皮質，一個意元

（chunk）被視爲一個單位。換句話說，原本你需要記住十三個字母（不可能），現在只需要記住四個意元（易如反掌）。

我們就是用這種方法把十磅泥土塞進五磅袋子裡。

我們愈常依同樣順序練習同樣的成分動作，就愈容易把這些技能視爲單一程序。經過充足練習，排序者（前輔助運動皮質）會回傳訊息給存取者（基底核），要它把那些動作組成單一意元，方便未來取用。回到我們的比喻，這就好比服務生連續幾個晚上以同樣順序遞送同樣的酒之後，把調酒師拉到一旁告訴他，「接下來你能不能把那四杯酒倒在大壺裡？這麼一來省下我排順序的麻煩，托盤也可以騰出空間，我送酒的速度也會快一點。」

這裡有個更重要的事需要記住：每個意元裡都有個相關順序。

> 你之以所能輕易而舉讀懂這文段字，一來表代你有意元集組力能，也代表個每意元裡藏有內在序順。在這個方地，你到讀每個組詞的文字（再將們它放進前目主題的境情裡），就會動啓那字個的意元。你不要需自己組重那些字文，意元會動自爲你序排。

因爲意元集組，你才能不假思索綁鞋帶。一開始你雖然需要存取並排序每個成分動作，但經

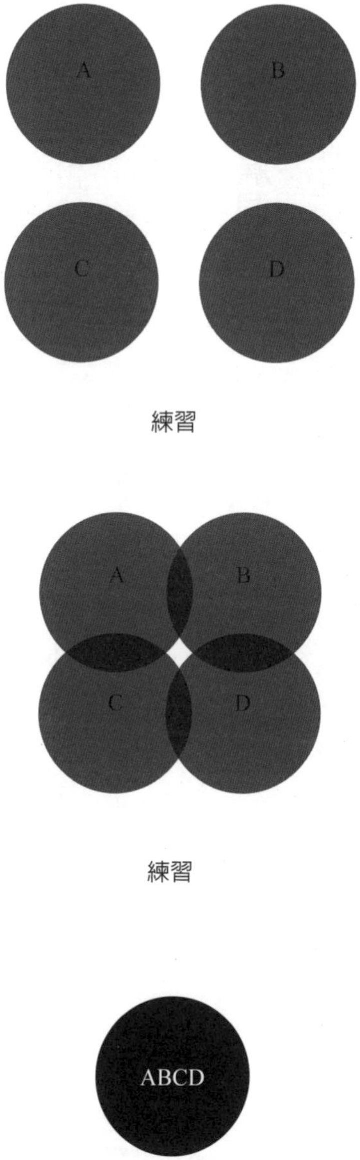

圖㊱：透過練習，個別項目可以結合成單一意元

過練習，你就能把它們組合成一個「綁鞋帶」意元，在前額葉皮質只占用小小空間。現在你只要喚出這個意元，一面讓動作依序進行，一面思考更重要的事（比如早餐吃什麼）。

這就引出另一個重要問題：意元集組何時停止？信不信由你，在正常情況下，它永遠不會停止。只要持續以相同順序練習相同技能，意元會持續擴大，卻不會多占用前額葉皮質的空間。

你是否曾開車時恍神？插入鑰匙啓動引擎，下一秒回過神來，發現車子正在進你家車庫，卻怎麼也想不起中間那二十分鐘的過程？這可能是因爲同樣的路線你走過太多次，已經建立一個大型「開車回家」意元。你提取這個意元後，就可以安穩地讓整個流程自動執行，幾乎不需要動腦筋。

有什麼漏洞？

意元的問題在這裡：它們格外牢固。意元一旦形成，順序從此鎖定，想提取其中任何一個成分動作，會變得極爲困難。

舉例來說，你電話號碼最後三個數字是什麼？我猜你必須從頭默念整組數字。這是因爲那些數字你已經排序太多次，現在儲存成一個「電話號碼」意元。由於意元非常牢固，所以你必須走過整個程序，無法直接提取最後三個數字。

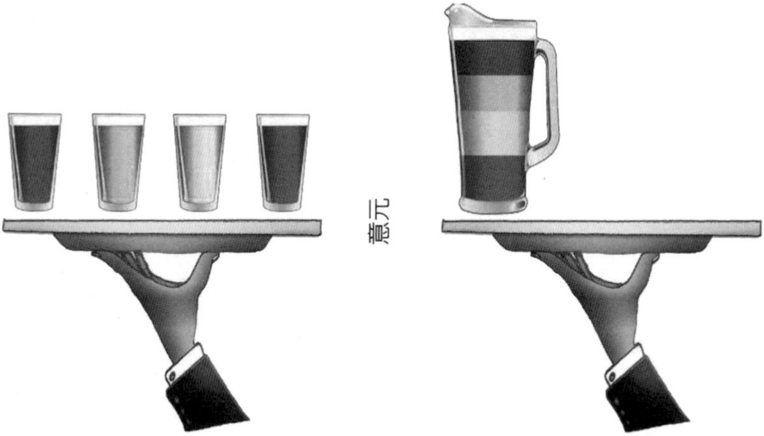

圖㊲：意元集組釋出空間

意元集組：
- 抓住兩端
- 右上左下
- 右下左上
- 換手

重排

意元集組：
- 拉緊
- 左邊打個圈
- 右邊放在圈上
- 右邊繞過左圈

重排

意元集組：
- 右邊穿過左圈
- 做另一個圈
- 兩個圈拉緊
- 放開鞋帶

意元集組：
- 初始意元
抓／上／下／換
- 中期意元
拉／圈／上／繞
- 完成意元
推／圈／拉／放

綁鞋帶意元
初始／中期／完成

圖㊳：綁鞋帶：從獨立動作到完整意元

換個更顯著的例子，看看職業籃球運動員罰球。他們投球以前會做出一連串個人專屬、大同小異的肢體動作（運幾次球；觸摸身體不同部位；誇大地蹲低）。這些投籃前的動作一開始可能只是爲了安撫緊張的心情，但重複夠多次之後，每個運球、觸摸、深蹲都會進入球員獨特的「罰球」意元。正如你的電話號碼，他們每次罰球，都得跑完這整個流程。如果禁止球員做出罰球前的例行動作，他們投籃的準確度會明顯下降。

對大多數事情而言，意元的牢固是個優點，你每次綁鞋帶眞的願意提取並排序每個成分動作嗎？然而，有時候這種牢固反倒是個累贅。

偶發意元

我們回到本章開頭那個思考題。綜合我們到目前爲止討論過的內容，如果你連續幾次練習都依循同樣的順序（三十次正拍、三十次反拍、三十次截擊），結果會怎樣？如同籃球運動員的情況，你這個練習順序很有可能會連結成一個偶發意元（accidental chunk），正拍之後永遠是反拍，反拍之後永遠是截擊。

訓練過程中這不會有問題（因爲你每天會以同樣的順序面對這九十個球路），正式比賽時卻是一場浩劫（因爲球場上不存在這種順序，你必須在不同球路之間隨機轉換）。正式比賽的不可預測性，代表你必須費更多心力拆解你的偶發意元，如此一來你在場上的表現就會大受影響。

那麼我們怎麼避免形成偶發意元？

交錯

記不記得我們在第四章學到，在不同場景訓練，可以讓某個技能與任何特定地點或環境脫鉤？同樣的原理在這裡也適用：爲了避免組成偶發意元，我們練習時必須注重隨機性，不允許排序擴大延伸。

交錯（Interleaving）登場。

道理很簡單：訓練的時候，你頻繁且隨機調換不同的技能，方便你在各種變幻、不可預測的情境裡提取並運用各個技能。這種持續的混搭能阻止更大的模式出現，個別意元也不會結合成單一的延長排序。

交錯除了能避免形成偶發意元，還能幫助人們迅速提取個別意元，準確地運用。這背後的原理是重建（reconstruction）。我們長時間練習單一技能（比如說連續三十次正拍），只需要存取那個意元一次，保留在前額葉皮質，練習結束後再送還。相反地，如果各種技能混雜在一起，我們每一次練習可能會提取、保留、送還同一個意元幾十次。這種循環有助於鞏固並強化每個意元，未來那些技能因此更易於存取，也更可靠。

明白這個道理以後，我們再回到本章開頭，如果連續幾次練習都採用交錯方式進行，你猜結果會如何？

練習的時候採取這種方式可能有點不好應付（你始終打不「順手」，時時處於持續變動的狀況），正式上場比賽時卻有驚人效果，因爲正式對決時隨機與不可預測是常態。

不過等等……故事還沒完。

在眞正的網球比賽時，你可能會碰上練習時沒遇過的球路，比如說高吊球。事實證明，交錯可以增加靈活度。雖然你的網球技能裡沒有「高吊球」意元，可是你能夠迅

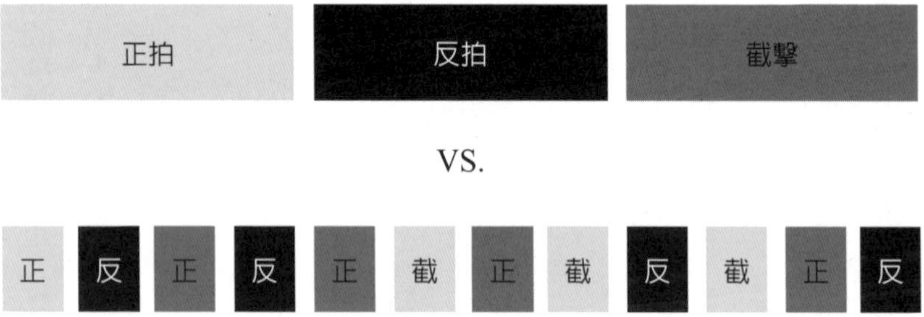

圖㊴：交錯的實際應用

速在不同技能之間轉換，因此能夠存取並測試相關意元，看看哪一種組合最適合這個陌生情境。學者稱這個過程爲遷移（transfer，能夠將現成意元改造成類似、但不曾學習過的技能加以運用），交錯比獨立練習個別技能更能增進遷移。

幾點考量

討論實際應用以前，得先考量四個議題。

第一，在正式上場驗收成果以前，交錯的好處不會顯現。事實上，混搭練習各種技能的人，訓練時的表現往往比採行前後一致、可預測程序的人糟得多。基於這個理由，交錯練習的人需要懷抱強大的信心。要確認這種練習方式有效，唯一的辦法可以說就是直接正式上場：很多人不太能接受這樣的提議。可惜的是，除了知識與經驗，沒有其他簡便辦法可以排除這個困擾。

第二，唯有當最終成果展現的情況不可預測，交錯才能發生效用。如果你是音樂家，即將演出貝多芬的《第五號交響曲》，樂曲裡每個音符都有清楚定位，前後有序，採用能讓你延伸排序、組成更大意元的練習方式會比較合理。

第三，雖然本章的探討以身體技能爲主，交錯顯然也適用於認知技能。比方說，做功課時交錯數學技能的學生，期末考時通常能有更好的表現，更容易產生遷移。同樣地，經常交錯研究資料的醫生，臨床診斷的準確度與靈活度都比較高。

第四，交錯要求你在意元之間轉換，而非只是在單一意元裡調整難度。如果你只是改變你正拍的速度（混合快速球與慢速球），就不是交錯，比較像一種名爲刻意練習（deliberate practice）的過程。接下來我們會看到，雖然它是相當重要的練習模式，產生的結果卻與交錯大不相同。

給領導人、教學者與教練的提示

1、先教會，再交錯

初次接觸到交錯這個概念之後，有些人可能會直接拿來運用在教學上。他們沒有先撥出充分時間傳授單一技能（「今天我來教你們綁鞋帶」），而是在不同主題之間來回變換（「今天我要教你們綁鞋帶、放風箏和煎歐姆蛋！」）

可惜的是，這不是好點子。交錯的初衷是維持個別意元的完整與靈活，因此學員應該先建立這些意元。換句話說，學員必須先學會某種技能，才能進行有意義的交錯。

沒錯，確實有部分證據顯示學習階段的交錯可能有助於區分不同概念。不過這種能力主要屬於下意識範疇，學員不太能說明自己究竟理解了什麼。另外，如果你希望學員能有意識地掌控技能並加以運用，那就在排練、做功課或對陣時交錯練習，而不是在課堂上。

緊迫問題一：立刻採用

「該不該在學到新技能後馬上開始交錯練習？」

新技能必須達到一定程度的流暢（不再需要分批上傳成分動作到前額葉皮質），那時交錯才有意義。因此，研究發現，當技能愈來愈不假思索，再慢慢採用交錯練習，循序漸進逐步加強，效果最爲明顯。慢慢增加的交錯練習可以讓學員持續有意識地擴大運用技能，進而強化意元，方便日後的存取。

2、善用模擬演示，追蹤成長軌跡

由於交錯的好處通常到正式上場時才會顯現出來，不妨安排多次模擬演示情境。比方說，設計類似期末考試的模擬測驗；模仿正式比賽的演練；對一小群觀眾近距離表演。只要這些情境處於低或零風險，學員就能體驗演示不可預測的本質，不至於產生額外的緊張或壓力。

模擬演示除了提供經驗，還能協助學員從交錯中看出進步。清楚覺察這些進步，將能激勵他們進一步接納這種練習方法，撐過偶爾相當困難的訓練課程。因此，模擬演示時不妨納入相關措施，幫助學員比較並對照自己的進步。

3、只在臨場狀況不可預測時運用交錯

我知道這點我說過了，不過它夠重要，值得在這裡重提。當最後上場的情況傾向不可預測，交錯才能發揮效用。如果正式上場時的順序已經確定，而且不太可能改變，練習時應該以形成愈來愈大的意元爲目標。例如準備演出莎士比亞劇本時（第二幕永遠在第一幕後面），切記依劇本順序練習。這麼一來，到了上場表演時，演員就能提取擴大的意元，讓它們在最不費腦筋的情況下發揮出來（釋出認知資源，以便專注在當下的細節）。

緊迫問題二：廣度

「交錯只有在混合類似技能（比如正拍和反拍）時才有效用嗎？或者我們可以混合截然不同的技能（比如正拍與微積分）？」

交錯主要的優點來自在不同的情境下重複喚出與送回意元，不管混搭的技能多麼相似或相異，這個練習法應該都有效。額外的好處是，當你混搭南轅北轍的技能，可能會開始發現它們之間不明顯的連結（創意就是這麼來的）。比方說，把詩歌和烹飪配在一起，也許能創造出別出心裁的比喻或新口味菜單。

不幸的是，遷移（將意元運用在沒學過的技能上）顯然離不開相似度。交錯的動作相似度愈高，它們彼此間的干擾就愈嚴重；干擾愈嚴重，就需要愈多心力來區別它們；付出愈多心力，個別技能就會變得更靈活、更便於遷移。

舉個例子，踢球和放風箏運用的是截然不同的肌肉動作，你交錯這兩種動作時不太可能混淆。不過，正拍和截擊涉及類似（卻各自不同）的肌肉動作，你交錯這兩種技能時很可能發生混淆，這種干擾需要有意識地努力克服，正是這份努力促成遷移。

因此，如果你的目標是方便未來的存取與運用，就交錯任何意元。然而，如果你的目標是讓某種技能產生遷移，就交錯類似意元。

4、同樣的技能使用刻意練習，不同技能則用交錯練習

刻意練習是非常特別的訓練方式，需要長時間反覆練習單一技能。這種練習的目標在於微調單一意元裡面的成分動作，以便突破現有水準。比方說，假設你要增加網球發球速度，刻意練習要求你連續幾小時重複發球，每一次都根據反饋做少量調整（手向右邊扭轉三公分；臀部向左邊挪五度，諸如此類）。時日一久，這些重複與微調可以慢慢增加你發球的球速。

問題來了：刻意練習會扼殺遷移。你愈是單獨練習某個特定技能，那個技能就變得愈機械化。一旦某個技能高度機械化，就非常難提取、分析並運用到新的情境。

你也看得出來，交錯和刻意練習各自適合全然不同的目標：交錯旨在確保多種技能便於提取與遷移；刻意練習的目的卻是漸進式提升個別技能，達到高度機械化。基於這個原因，這兩種方法各有優勢，也值得採用，就看你想要什麼樣的結果而定。某些優秀教練會用這兩種方法相互牽制：利用刻意練習微調某個特定技能，再迅速交錯那個技能，以維持靈活度。

緊迫問題三：腦力訓練之一

「我眞的能增加記憶力又變得超級聰明嗎？」

簡單回答：不能。腦力訓練遊戲的功效不如大多數人想像中那麼好（也不像大多數業者宣稱的那麼神奇）。爲了弄清楚這點，有兩件事需要探討。

第一：我們前面看到了，你的前額葉皮質同一時間能保留的資訊有限。所幸這個限制可以規避，別忘了這個：

FYIRSVPFAQCOM

我們把規模放大，你能記住這些字母嗎？

ABCDEFGHIJKLMNOPQRSTUVWXYZ

ABCDEFGHIJKLMNOPQRSTUVWXYZ

A B C D E F G H I J K L M N O P Q R S T U V W X Y Z

A B C D E F G H I J K L M N O P Q R S T U V W X Y Z

這裡有一百多個字母，你卻能輕而易舉保留在前額葉皮質。

不過別上當！你可以集組資訊，不代表你能突破前額葉皮質的限制。如果真是這樣，那麼你一定可以記住以下這八個字母：

ף ץ ש ל ג ט ת א

喔哦。

你玩某個腦力訓練遊戲一段時間後，分數可能會提高。遺憾的是，正如剛才那八個字母，那不代表你記憶力增強了。它只代表你愈來愈擅長把那個腦力訓練遊戲裡的資訊組合成意元。

這就引出第二點：腦力訓練遊戲是一種刻意練習。我們先前學過，如果你連續幾星期練習某種遊戲，你遷移那個遊戲裡的技能的能力會減弱。如果你的終極目標是精通腦力訓練，這就沒什麼問題。不過我猜大多數人想要增進記名字、心算或記住複雜論點等能力。你看出問題了嗎？確切來說，你愈擅長腦力訓練遊戲，將那些技能運用在其他有意義的眞實情境的機會就愈低。

爲了克服這個問題，如今很多腦力訓練課程採用交錯方法，在不同遊戲之間轉換。遺憾的是，他們沒抓到重點。一般來說遷移範圍相當狹窄，而且多半發生在相近技能之間（例如正拍與高吊球）。因此，交錯不同遊戲或許可以提升你日後應付其他腦力遊戲的能力，卻不能增進你理解古典文學或寫論說文的能力，因爲這些技能跟腦力遊戲的格式差距太遠。

我說這些不是爲了嚇得大家不敢接觸腦力訓練遊戲。我只是確保你知道自己能夠（以及不能）對它們懷抱哪些有意義的期待。如果你喜歡那些遊戲，就繼續玩！然而，如果你有更明確的目標（比如增進數學技能），那就不如多花時間和精神實際去追求那個目標。

5、拆解偶發意元耗時又費力

破壞意元難上加難。需要花時間緊密對抗，還會頻頻受挫。然而，只要付出足夠的努力與耐心，意元可以解構並重建。

圖片⑩：腦力訓練讓你更擅長……腦力訓練

職業高爾夫球手老虎伍茲（Tiger Woods）就是很好的例子。二〇〇三年伍茲排名世界第一已經超過四年，他決定改變揮桿方式。我指的不是以刻意練習微調，而是揮桿手法的全面改版。爲了拆解並重建他的「揮桿」意元，他一天苦練十二小時，持續將近兩年。這段期間他沒有贏得任何高爾夫錦標賽，世界排名也下降。然而，到了二〇〇五年，他成功地建立新的意元，再次拿回冠軍寶座。

拆解意元需要做到三件事。首先，你必須清楚明白地把意元拆解爲原本的成分動作。以綁鞋帶爲例，你必須辨識並描述每個小動作，從一開始的抓鞋帶到最後拉緊蝴蝶結爲止。

其次，你必須單獨練習這些成分動作，加以微調，直到你能以不同方式執行這些動作。比方說，你必須練習只抓鞋帶，不做其他動作。

最後，你還得對抗意元重組（chunk re-formation）。有意識的努力一旦停止，意元通常會自發性地重組。基於這個原因，在每個成分動作可以獨立運作以前，最好避免執行全套動作。這麼一來，你在單獨微調每個動作的過程中，可能連續幾個月不能做完整的綁鞋帶動作。

我前面說過，這是個漫長、費力又艱辛的過程……不過最終還是能成功。

重點整理

練習過程中交錯各種技能，有助於增進臨場表現與技能遷移。

・要執行某個動作，必須提取並排序成分動作。

・只要有足夠的時間與練習，成分動作可以結合，形成意元。

・交錯是一種混搭意元的練習方法，既能避免個別意元不經意融合，未來也更容易存取。

應用

1、先教會，再交錯。

・緩慢並循序漸進使用交錯，效果最佳。

2、善用模擬演示，追蹤成長軌跡。

3、只在臨場狀況不可預測時運用交錯。

・交錯任何不同技能以增進技能的提取與運用。

・只交錯類似技能，增進技能遷移。

4、同樣的技能使用刻意練習，不同技能則用交錯練習。

・腦力訓練遊戲不能增強記憶力或智力；它們只能讓你更擅長建立腦力訓練遊戲意元。

5、破壞偶發意元耗時又費力。

中場休息 3

請用大約六十秒賞析這張成人教育舊海報

1959
THIS IS AN
ADULT WORLD
ITS PROBLEMS
ARE UP TO You!
FREE
Enroll: FEDERAL ADULT SCHOOLS
MANY COURSES • MANY PLACES • INFORMAL TEACHING

1959
THIS IS AN
ADULT WORLD
ITS PROBLEMS
ARE UP TO You!
FREE
Enroll: FEDERAL ADULT SCHOOLS
MANY COURSES • MANY PLACES • INFORMAL TEACHING

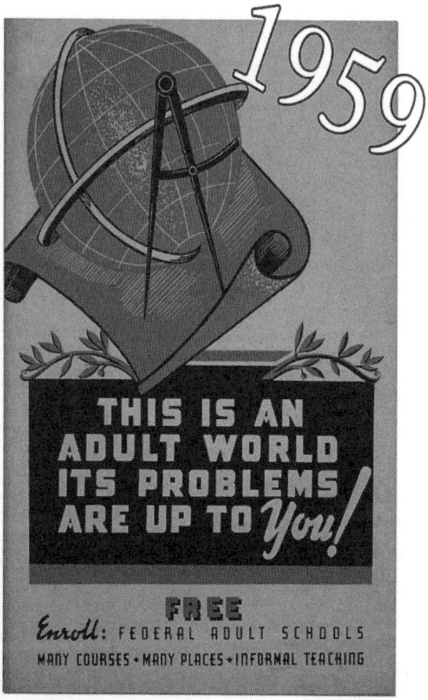
1959
THIS IS AN
ADULT WORLD
ITS PROBLEMS
ARE UP TO You!
FREE
Enroll: FEDERAL ADULT SCHOOLS
MANY COURSES • MANY PLACES • INFORMAL TEACHING

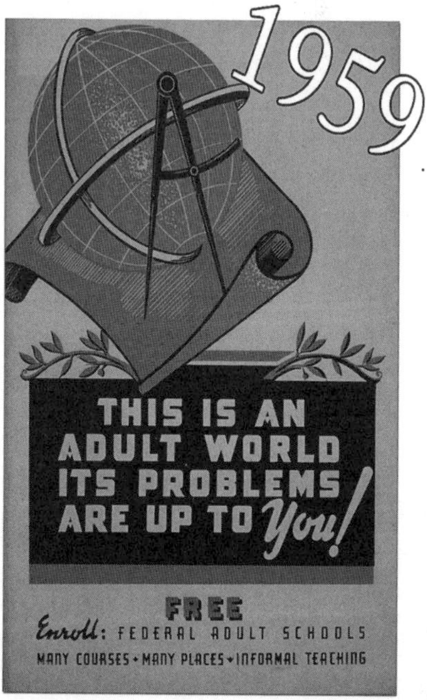
1959
THIS IS AN
ADULT WORLD
ITS PROBLEMS
ARE UP TO You!
FREE
Enroll: FEDERAL ADULT SCHOOLS
MANY COURSES • MANY PLACES • INFORMAL TEACHING

7

錯誤

我不會輸——
我不是贏、就是學習。

——無名氏

戴上你的神奇思考帽，我們這章一開始要來幾道從「酒吧常識測驗」題庫隨機挑選的問題。

問題

1、人類有多少種感官？

2、誰發明電燈泡？

3、在航海術語裡，摩斯密碼的SOS代表什麼？

4、牛通常看到什麼顏色會發怒？

5、含氧的血液是紅色的，那麼缺氧的血液呢？

答案：1、五種（視覺、聽覺、嗅覺、味覺、觸覺）、2、湯瑪斯·愛迪生（Thomas Edison）、3、Save Our Ship（救我們的船）、4、紅色、5、藍色最後，揭曉謎底。

剛才那些答案……全部都錯。如果你也答出任何相同答案，你便犯了錯誤。

花點時間體驗一下你此刻生理和心理的感受。會不會覺得你思考的列車戛然而止？或許你也意識到覺察力變敏銳？這些內在感受代表人類的錯誤警報（error alarm），可以用來引導並強化我們的教學力。

錯誤警報

我們在第三章學到，大腦會默默形成心理地圖，反映不同環境的實體配置。這些地圖可以用來預測未來，引導未來行爲。

原來這個概念不限於實體環境的配置。事實上，大腦默默創造各種圖像，包括空間、視野、氣味、滋味、觸感、聲音、動作、行爲、情感、因果關係……基本上，所有東西！

我們稱這些爲心智模型（mental models），正如比較簡單的心理地圖，我們運用這些模型預測我們周遭的世界，藉以引導我們的行爲。事實上，此刻你之所以能夠閱讀並理解這段文字，是因爲你有個心智模型正在預測這些文字的順序、這些觀念的演進與這裡提出的論點結構。

每次預測正確，相關的心智模型就會強化。然而，有時候心智模型會變得太強。發生這種情況時，我們可能會選擇信任自己的預測，不信任眞實的世界。這就是爲什麼很多人沒有注意到圖㊶的三角形裡多出來那個「的」：因爲他們的「閱讀」心智模型過去一直相當有效率，因此他們迅速預測那句話該有的內容，讀到了預測結果，而非眞實的文字。

世界永遠在變，所以我們必須時時更新我們的心智模型，確保我們的預測正確反映事實。這就引出一個非常重要的問題：我們怎麼知道某個心智模型已經過時、需要升級？

就靠錯誤！錯誤警報告訴我們，我們的預測跟事實不一致。

有個重點必須注意，錯誤與單純不知道是兩回事。比方說：費米子的自旋是哪一種？如果你跟我一樣，那麼「費米子」不會存在你的任何心智模型裡。因此，當你知道典型的費米子自旋是半整數，就不會覺得驚訝，因爲你沒有發生錯誤。

接下來：大象有幾個膝蓋？這回你幾乎確定有個心智模型會預測所有四條腿的哺乳類動物都有四個膝蓋。那麼，當你知道大象只有兩個膝蓋，可能會大吃一驚，因此全神貫注。這是錯誤警報在提醒你心智模型出了問題。

爲了了解這是怎麼回事，我們來看看大腦。

每當預測與現實之間發生衝突，大腦的前扣帶皮質（anterior cingulate cortex，在額頭後側深處）會產生一種名爲錯誤正波（error positivity）的小光點。這個光點的大小會隨著衝突的大小改變：小錯產生小光點；大錯產生大光點。

重點來了：只有大錯誤正波會觸發錯誤警報。假使只是些微不一致，人們通常不會意識到哪裡不對勁。也就是說，你的大腦確實注意到三角形裡多出來那個「的」，只是這個衝突太小，不需要向你示警。

錯誤警報觸發後會發生兩件事。第一，腹側注意力網絡啓動。如同我們在第五章學到的，這個網絡下意識地監控所有被注意力過濾器擋下來的資訊，一旦發生危險或不預期狀況，隨時可以接管（記得駕駛教練嗎？）第二，身體和大腦會慢下來：心跳速率降低、呼吸減緩，所有留在前額葉皮質的資訊都被丟棄。這個程序迫使我們的注意力轉向錯誤，釋出資源，方便我們分析衝突，進而更新我們的心智模型。這就是爲什麼大多數人出錯時

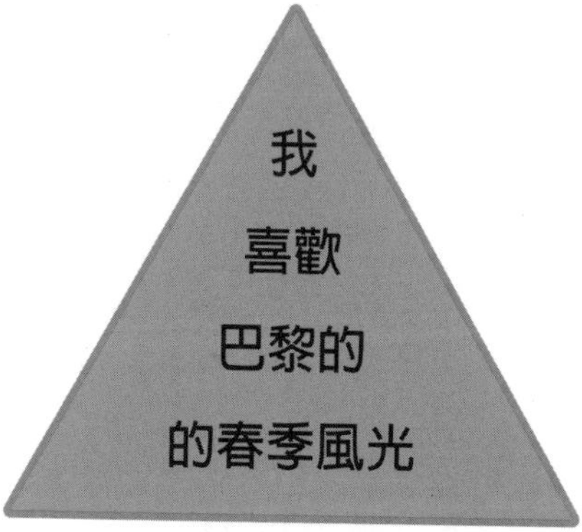

圖㊶：巴黎三角

變得知覺格外敏銳、注意力格外集中。

當然，錯誤警報只是個信號，我們的反應由我們決定。

打或逃

錯誤警報出現時，有兩種常見反應：處理或忽視。

如果你選擇處理錯誤，會發生兩種現象。首先，大腦內部的通訊轉變成一種名為賽塔（theta）的模式。這個模式反映你的大腦消化新資訊、更新心智模型時的具體變化。換句話說，賽塔的出現代表你在錯誤中學習。其次，大腦處理獎勵的區域活動會減少，而引導注意力的區域活動會增加。也就是說，你處理錯誤時，比較不在乎成就，而會專心找出其他可能會提醒你再次更新心智模型的錯誤。

如果你選擇忽視錯誤，會發生另外兩種現象。第一，大腦內部的通訊換成一種名為貝塔（beta）的模式。這個模式本質上是一個「現狀」（status quo）信號，告訴大腦一切都好，不需要改變任何心智模型。換句話說，貝塔關閉你的錯誤警報，阻止學習。第二，大腦引導注意力的區域活動會減少，處理獎勵的區域活動則會增加。也就是說，你忽視錯誤之後，有效地防堵其他

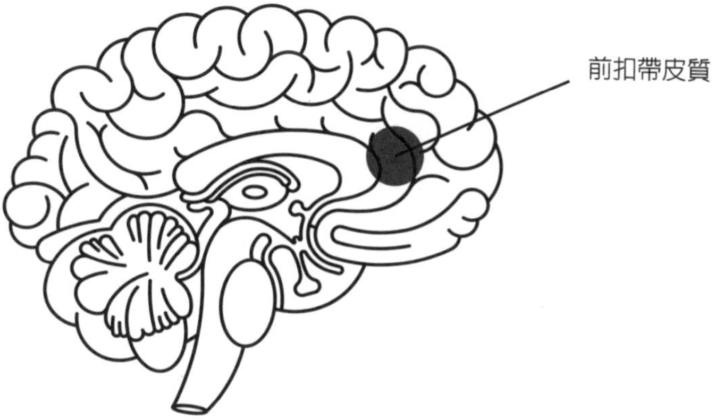

圖㊷：前扣帶皮質

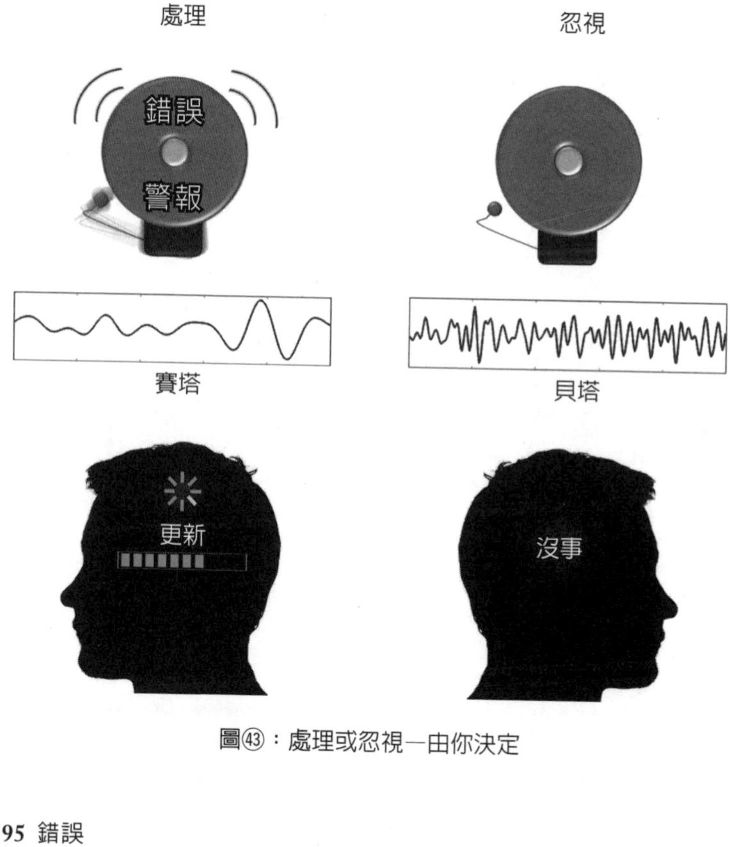

圖㊸：處理或忽視—由你決定

錯誤，全神貫注地保留你的預測。

那麼什麼因素決定我們選擇處理或忽視某個錯誤？雖然有幾十個因素，但主要的驅動者是個人化（personalization）。如果我們不把自己牽扯進去（比如大象有幾個膝蓋那個例子），通常能夠處理錯誤並從中學習。然而，如果我們將錯誤視為對自我本身的威脅，通常我們不但會忽視那個錯誤，未來還會避開可能導致同一個錯誤的情境。

我們看看眞實世界裡的情況。

零錯誤人生

自從智商測驗發明以後，人們著迷於測量孩童的智商，排出高下。測驗得分高的人通常被挑選出來，貼上「資優」或「前段領先」或（在某些極端案例）「天才」等標籤。

問題在於：不斷有研究發現，這些標籤可能對許多孩子造成不利影響。事實上，某些研究估計，被冠上「資優」封號的孩子之中，高達百分之五十開始喪失信心、表現欠佳，到最後是學業成績不如預期。

爲什麼會這樣？因爲錯誤的個人化。

很多孩子被挑出來以後，深深擁抱「資優」這個標籤，用它來建立自己的身分認同。可惜的是，「資優」這個概念附帶著成就期待：資優的人太聰明，不可能失敗，永遠必須有最高水準的表現。基於這個原因，很多資優兒童慢慢把錯誤警報解讀爲對自我的直接威脅。他們很快學會避免所有可能導致失敗的場景，只趨向那些符合他們當下心智模型、保證成功的場景。

可惜的是，如果我們只願意留在已經充分理解的環境裡，成長會被壓抑、創新能力被扼殺。換句話說，很多資優生因爲避開可能觸發錯誤警報的情境，因而自我設限，爲了保護自己而妨礙學習。

相反地，認爲錯誤與個人身分各自獨立互不相干的學生，把學習視爲一種努力的過程，而非伴隨智商而來、與生俱來的權利。因此，他們傾向於尋找能夠觸發錯誤警報的困難情境。我們如果願意接觸富挑戰性、令我們困惑的事物，短期成就可能被壓抑，但長期成長與創新能力會蒸蒸日上。

我並不是主張我們應該停止爲孩子貼標籤：這個爭論危機四伏，遠遠超出我在這裡要討論的範圍。我想說的只是，個人化如何把錯誤警報從機會變成不利條件。

充滿錯誤的人生

如果我們每次犯錯，心智模型就會自動更新，那就太美妙了。這種事偶爾會發生（想想你第一次〔也可能是最後一次〕抓起灼熱的鐵塊）。在錯誤中學習通常分成四個階段。

第一階段是覺察。除非我們有意識地辨識出錯誤，否則不可能對治它。可惜的是，如同我們稍早學到的，心智模型愈是根深蒂固，我們就愈不可能發現預測與眞實情況不一致。因此，覺察絕非微不足道，也能夠因爲老師或指導者的支持發揮功效（請參考提示四：反饋）。

第二階段是分類（categorization）。在大多數領域裡，錯誤可以歸納爲數量不多的功能性類別。比方說，我參加數學考試時雖然可能犯下數不清的特定錯誤，那些幾乎都可以納入以下的分類：算錯（我乘法出錯）；誤解（用錯公式）；誤用（沒有依序遵守公式的所有步驟）；粗心（我誤解題意）。分類讓我們更容易辨認犯錯模式，找出潛藏的原因，幫助我們將注意力從哪裡出錯轉向爲什麼出錯。同樣地，在老師或指導者的協助下，這個階段會更有助益。

第三階段是修正。一旦找出潛藏的原因，我們可以著手對治並改正。雖然細節會依個別情況有所不同，本書提出的各種觀念與建議都是可以在這個階段採用的可靠技巧。同樣地，修正錯誤通常需要知識與練習，如果有老師或指導者的引導，這個階段就能發揮效益。

第四階段是自主（autonomy）。隨著人們在某個特定領域發展出專長，他們犯的錯誤會慢慢從已知轉向未知。這些都是發生在個別領域尖端的錯誤，過去沒有人犯過這種錯，因此需要發揮創造力向前躍進。當未知錯誤發生，不會有簡單的引導或支持，你必須做好準備往前推進，靠自己的力量創新。基於這個原因，老師或指導員最終需要放手，允許學員學會獨立執行這套錯誤分析流程。唯有透過自我診斷、自我分類與自我干預，才能創造出全新觀點、概念與知識。

最後一件事

那麼本章開頭那些問題呢？人類到底有多少種感官？燈泡到底是誰發明的？現在你再回想那些問題，可能開始體驗到一股期待、一陣內在的震顫、一種幾乎來自內心深處的拉力：你必須知道答案。

信不信由你，這就是好奇帶給人的感受。如果錯誤警報代表我們的知識或理解出現缺口，好奇心就是承認這個缺口可以（也必須！）填補。

電視節目巧妙利用這點。在某一集他們會讓我們建立一個心智模型，做出簡單預測（「菲利普是主角，一定能擺平這次的麻煩！」）到了這集接近尾聲時，他們會想辦法打破你的預測，觸發錯誤警報（「哎呀！剛才菲利普開車衝下懸崖了！」）最後，他們會確認你知道這個缺口很快就會補上（「下星期繼續收看！」）那股要你必須再看一集的吸引力就是好奇心發揮作用。

遺憾的是，好奇心聽起來雖然像是萬能的美好感受，卻也有它的弱點。

圖㊹：這些黑色團塊是什麼？

真正的答案

問：人類有多少種感官？

答：十七種。視覺、聽覺、嗅覺、味覺、觸覺、痛感、平衡感、共享感知（joint perception）、運動覺、熱、冷、血壓、血氧含量、腦脊髓液酸度、渴、飢餓、肺充氣。

問：誰發明電燈泡？

答：華倫・德拉魯（Warren De la Rue）。愛迪生沒有發明燈泡，只是將燈泡商業化。

問：在航海術語裡，摩斯密碼的ＳＯＳ代表什麼？

答：沒意義。ＳＯＳ被選為緊急代號，只是因為在摩斯密碼系統裡這組符號最容易輸入並辨認。

問：牛通常看到什麼顏色會發怒？

答：無。牛是雙色視覺動物，沒辦法察覺到紅色（至少和我們看到的紅色不一樣。在牠們眼中，紅色與綠色沒有差別）。牛會抓狂，是被鬥牛士與披風的威脅動作激怒。

問：含氧的血液是紅色的，那麼缺氧的血液呢？

答：紅色。血管看起來是藍色，是從皮膚折射出來的光線與血液裡的帶氧分子交互作用的結果。

現在你已經讀到眞正的答案，塡補了你知識的缺口，感覺如何？我猜有點洩氣、覺得乏味，或許甚至有點失望。

我們很多人以爲解答會帶來興奮，很可惜事情通常不是這樣。事實上，興奮感來自尋找答案的過程。換句話說，好奇心帶來的振奮感存在知識缺口本身。那個缺口一旦補滿，好奇心的吸引力淡化，我們重新回到心智模型與預測的單調世界。不信你回想一下，每次你興匆匆坐下來看電視影集的下一集，結果總是立刻失望（「哦……菲利普在車子衝下懸崖以前跳車了……眞聰明。」）

我經常拿賽車比喻好奇心。賽車手通過終點線，比賽結束：這天沒戲唱了，回家吧。所有的歡樂與激情都發生在賽車手奮勇衝向終點線的過程。人們愈是認清這個概念，就愈願意找出錯誤，展開錯誤分析流程。

對了，圖㊹那些黑色團塊是一隻青蛙趴在木頭上。再看它一眼……你的好奇心退場了。

圖㊺：好奇心掰掰

給領導人、教學者與教練的提示

1、培養不怕錯文化

在企業、學校或團隊裡通常有兩種不同的文化導向：結果與過程。結果導向強調最終成果，依循的是成功獎勵制度。這通常導致錯誤個人化，可能造成排斥冒險、同儕競爭與孤立等現象。相反地，過程導向強調努力、失敗、成長與熟練的重要性。這通常能夠消除錯誤個人化，也能激發冒險、合作與忠誠。

如果你希望培養過程導向的氛圍（不是所有人都想），務必設法確保所有層級都明確重視並鼓勵錯誤與錯誤分析。公開討論影響特定決定的錯誤；檢討時段要求學員指出錯誤並加以分類；強調哪些努力與失敗促成最後的成功。唯有錯誤透明化、被接受，學員才能向內找出知識缺口，追逐好奇心並擁抱過程。

「我們每次更新之後，會失去原有的心智模型嗎？」

學習是建設性的，不是破壞性的。意思是說，我們不會取代舊有的心智模型，只是將它們擴大。

爲了明白我的意思，請回想你的童年。你可能有一段時間曾經相信聖誕老公公，你的心智模型接受他，你的預測也認定他存在。然而，到了某個時間點，你發現他是虛構人物，於是更新你的心智模型。那時你不會突然忘掉關於聖誕老公公的一切。到如今你還是認得他，會談論他，也接受你的孩子相信他。換句話說，你沒有摧毀你舊有的心智模型，只是添加新的資訊進去。

我們擴建（而非刪除）舊有心智模型，因此能跟過去保持聯繫，深入理解各種觀念，發展持續擴大的知識庫，以便持續適應這個不停演變的世界。

2、利用錯誤認知促進學習

人們接受新資訊時，如果沒有事先啓動心智模型並做出預測，就會單獨理解那筆資訊，不會將它與過去學到的觀念或見解連結。例如我如果只說「牛是雙色視覺動物」，這個知識可能永遠不會跟相關的心智模型綁在一起，或對它造成影響，你可能還相信牛討厭紅色。

不過，如果接收新資訊以前啓動心智模型做出預測，就會透過現有的認知來解讀那筆資訊。我引導你做出牛討厭紅色這個預測，就能確定那個相關的心智模型已經啓動。之後當你得知「牛是雙色視覺動物」，就能把這筆資訊納入你現有的心智模型，配合更新。

想辦法把常見錯誤或誤解安排進課程裡，不需要刻意避開。在上課以前，要求學員討論他們對某個特殊主題的認知，演示某個與一般假設相矛盾的現象（例如同時放掉兩個重量不同的球，猜猜哪個先落地），或來個選擇題課前小考，在答案選項裡放進典型的錯誤認知。必須啓動心智模型、做出預測，新觀念才能與舊觀念產生連結，更新也才能發生。

「為什麼有些錯誤修正後我能記住（比如大象只有兩個膝蓋），其他的卻很快忘記？」

學者稱這種現象為過激矯正（hypercorrection），它的主要原因是信心。

我們對某個主題如果只有粗淺認識，我們的心智模型就比較弱，因此對自己的預測缺乏信心。舉個例子，我最喜歡的運動是什麼？雖然你讀到這裡已經蒐集到不少資訊，可以做出猜測（「他舉了很多高爾夫球的例子，我猜是高爾夫球」），不過你不會拿賭金押注。因此，當我揭曉我最喜歡的運動是冰上曲棍球，你的錯誤警報不會啓動，好奇心微乎其微，也不覺得迫切需要展開錯誤分析流程。這意味著如果我下星期再問你同一個問題，你多半還會做出同一個錯誤預測（「高爾夫球嗎？」）

相反地，如果我們對某個主題有深刻理解，我們的心智模型會很強，對自己的預測就會信心滿滿。比如說，塞勒姆審巫案中，執法單位如何處死被定罪的巫師？這個故事你可能聽過很多次，所以對自己的預測相當有信心（「他們被綁在火刑柱上燒死」）。因此，當我告訴你塞勒姆從來沒有巫師被燒死，你的錯誤警報會震天價響，好奇心直線飆升，從而產生一股更新心智模型的迫切感（他們受處絞刑）。如果下星期我再問你這個問題，你可能會想起這個錯誤，做出正確預測。

當然，這還取決於你處理那個錯誤的意願。我們稍早談到過，如果你選擇忽視錯誤警報，就不會發生任何效用。

3、列出你所屬領域的錯誤類別

我們上面學到了，很多錯誤可以分別納入區區幾種功能性類別。列出這些類別的用意是，相較於處理一百個錯誤，我們可能只需要對治一個基本原因。

儘管我很想列出一份放諸四海皆準的表單，各領域的錯誤類別卻都不盡相同。基於這個原因，你可能必須針對你要教授的任何教材建立自己的表單。記住，把重點放在基本過程。你的目標不只是強調哪裡出錯（「你數學考砸了」），而是要組織幾十個錯誤，找出基本模式，判定爲什麼出錯（「你誤解每一道題的題意，把讀題的速度放慢」）。跟學員分享這些類別，一起處理錯誤，培養自主性。

4、反饋：通往錯誤警報的捷徑

我們之前學到，只有大錯會產生足以觸發錯誤警報的錯誤正波。也就是說，很多小錯誤都被我們的預測掩蓋，始終沒被有意識地察覺。

幸運的是，只要用個簡單方法，即使最小的錯誤都能揪出來，那就是反饋（feedback）。如果有人明確指出我們的錯誤（比如我告訴你這段開頭的「幸運」誤植爲「幸運」），就會在我們的大腦引發一種名爲反饋關聯負波（feedback-related negativity）的信號。重點在於，這個信號肯定會立刻觸發錯誤警報。

緊迫問題三：有效反饋

「反饋的作用應該不只是指出別人的錯誤吧？」

沒錯，確實如此。

反饋要能發揮效益，通常需要包含以下三種資訊。

1、我的目標在哪裡？

有效反饋首先必須清楚揭示要達成的目標或標準。這個資訊確保適當的心智模型啓動，並做出相關預測。

2、我表現如何？

接下來，有效反饋明確點出個人表現與預期目標之間的落差，以利觸發反饋關聯負波。這個

圖㊻：我的目標在哪裡？闡明目標

資訊必須反映出個人表現的某個明確面向，語焉不詳或敲邊鼓都不足以觸發錯誤警報。

3、下一步怎麼做？

最後，有效反饋會建議如何一步步消除落差。對於新手學員，這個建議必須包含更多細節。不過，隨著學員愈來愈擅長獨力修正錯誤，建議可以不需要太詳細（簡單提醒或一點暗示或許就夠了）。

還有最後一件事：反饋要能發生作用，必須被接受。如果學員選擇忽視錯誤警報，再多的反饋也白搭。如果你發現某人總是對反饋無動於衷，不妨先處理個人化的問題，再一步步建立更爲過程導向的氛圍。

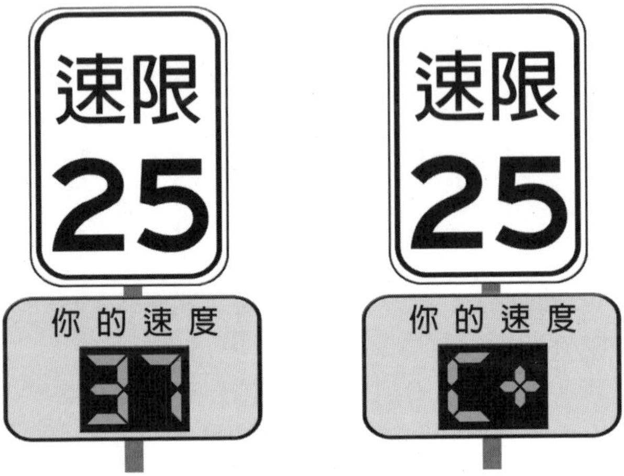

圖㊼：我表現如何？給予明確（不模糊）的資訊

圖㊽：下一步怎麼做？建議相關行動（別害怕讚美！）

緊迫問題四：讚美

「我聽說最好不要讚美別人，因爲會妨礙他們的學習。眞是這樣嗎？」

聽見這個問題我總是搖頭。

讚美不是反饋。它不包含上面提到的三種元素，不會觸發錯誤警報，也不能引導人們更新他們的心智模型。換句話說，讚美不能刺激學習。

本來就不該如此。

讚美是個工具，目的在肯定個人的努力與進步，因而增強信心，重燃學習動機，激勵人們在向來艱苦的學習路上繼續邁進。

讚美只有在被誤認、並用來代替反饋時，才會有危險。只要讚美與反饋的使用都能針對各自的用途，通常能獲致極大成效。

5、明確地練習錯誤分析流程

所有能力都能靠練習增進，執行錯誤分析流程的能力也是。因此，切記跟學員一起明確運用這個過程。在報告、閱讀資料或簡報裡置入不太明顯的常見錯誤，跟學員共同一一辨識、分類、處理。假以時日，隨著學員日漸精進，置入的錯誤就愈不明顯，並且要求學員獨力進行錯誤分析。這麼做有個附帶好處：學員愈常看見你出錯後勇於接受（即使是故意犯的錯），未來就愈不容易將錯誤個人化。

圖㊾：端著紅酒的女人

重點整理

接受錯誤有助於增進學習、記憶與預測。

- 我們的大腦會創造心智模型，以便對周遭世界做出預測。
- 錯誤警報顯示心智模型與真實世界之間有差距。
- 我們可以接受（並且從中學習）錯誤或規避（並且忽視）錯誤。
- 錯誤分析過程涉及覺知、分類、修正與自主。

應用

1、培養錯誤文化。

- 舊有心智模型從來不會抹除，只是增加新資訊。

2、利用錯誤認知促進學習。

- 過激矯正顯示人們比較可能修正高信心錯誤。

3、列出你所屬領域的錯誤類別。

4、反饋是通往錯誤警報的捷徑。

- 有效反饋就像導航裝置，必須能協助他人弄清楚他們在哪裡、要往哪裡去、下一步怎麼走。
- 讚美能增強信心與動機。

5、明確地練習錯誤分析流程。

8

回想

我們並非思考我們記得的事，而是記得我們思考的事。

——傑里德．庫尼．霍維斯（本書作者）

來到第八章了，這裡最適合回頭看看一路走來的過程。

我猜想你們之中有些人很想跳過這部分，請留下來！這種做法雖然感覺有點迂腐，我向你保證我另有深意。

我們在前面七章學到不少重要的大腦區域。其中幾個大咖如下。

- 布洛卡／威尼克網絡讓我們能夠處理語言，但我們如果同時聆聽和閱讀，它就會出現「瓶頸」。
- 海馬迴是我們通往記憶的門戶：所有新資訊都得通過這個組織，才能被記憶（但記憶並不是儲存在這裡）。
- 海馬旁迴位置區下意識地將我們周遭環境的實體面向編碼。
- 前輔助運動皮質扮演排序者的角色，跟基底核通力合作組成意元。
- 前扣帶皮質有個區域能夠比對心智模型、觸發錯誤警報。

在前面七章裡，我們也探索了一些有趣的心理現象。看看你能不能選出下列問題的正確答案。

．底下哪個名詞代表寫成一整行沒有空格與標點符號的連續書寫文字？

a．連書

b．塊狀書寫

c．意識流

．我們聽到的字隨著我們看見的臉孔而改變，這個現象是？

a．聯覺

b．交錯感

c．麥格克效應

．凝視資訊原來所在位置（但已經不在），以便回想那個資訊的行爲是：

a．凝視虛無

b・位置記憶法

c・重新布景

・敘述性記憶可以分爲兩種不同種類，它們是？

a・私人與非私人記憶

b・情節與語義記憶

c・明確與含蓄記憶

・將已知技能套用在類似但未曾學習過的技能的能力稱爲：

a・遷移

b・應用

c・傳送

進入本章主題之前，我還有最後一個問題……

答案：a／c／a／b／a

本書前七章章名分別是什麼？不要往回翻或偷瞄（真的，花個一兩分鐘一章一章回想）。

1 ——

2 ——

3 ——

4 ——

5 ——

6 ——

7 ——

現在翻回去看看你答得如何……

最後一題的每個答案各自探討截然不同的記憶程序。重點在於，其中只有一個答案有助於將記憶裡的內容變得深刻、牢固又長久，你猜得出是哪個嗎？

記憶鐵三角

爲什麼你小時候聽見兩三次電台廣告歌曲就能朗朗上口，中學時學了幾年的數學公式卻很難記得住？爲什麼初吻那一幕始終鮮明，上星期公司的會議內容卻怎麼也想不起來？爲什麼熱門電視節目的情節輕易就能記住，背週期表裡的化學元素卻難如登天？

關於這些記憶力的差別表現，人們總說那是因爲我們比較容易記住切身相關、刻骨銘心的事件。這話雖然沒錯，卻解釋不了剛才那些例子。一首描述漢堡食材的歌跟你的私人生活能有什麼關係？同樣地，你學習數學公式的時候也可能經歷刻骨銘心的感受（壓力；恐懼；成就；放鬆）。

很顯然，應該還有其他原因。爲了探個究竟，我們需要深入了解記憶與它的運作方式。以最簡單的模式來說，我們可以將記憶描述爲一種三階段程序：

1、編碼：資訊必須輸入大腦
2、儲存：資訊必須留在大腦
3、提取：資訊必須再從大腦輸出

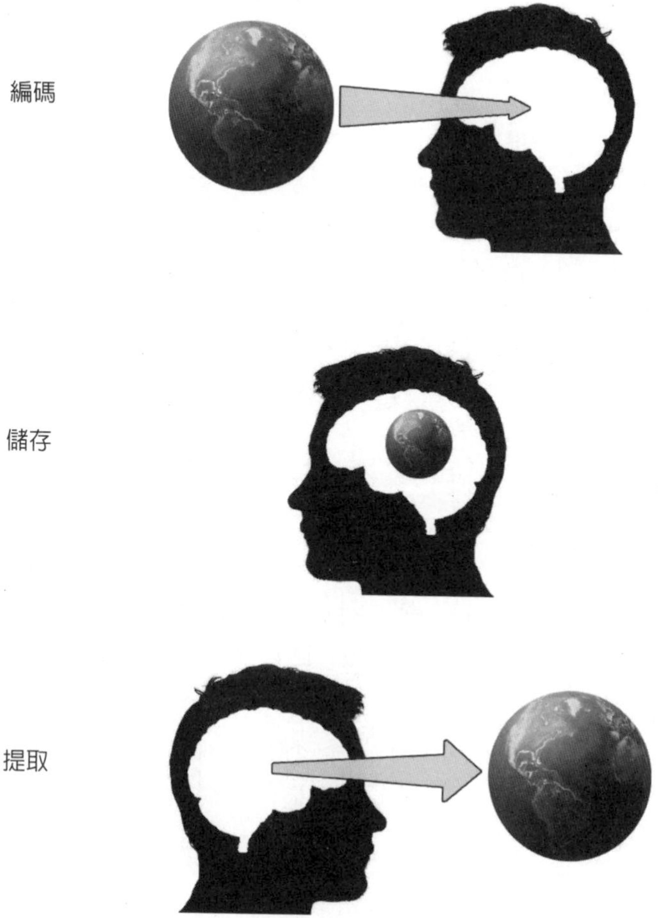

圖⑩：記憶的三個階段

談到教學力，很多人把重點放在前兩個階段。背後的推論是，學員接觸某個資訊（編碼）的次數愈多，那筆資訊就更有機會在大腦找到永遠的家（儲存）。然而，如果這個推論正確，那麼你初吻那一幕（只發生過一次）很久以前就該煙消雲散了，而元素週期表（你多半看過不下數十次）則會歷歷在目鮮活如新。

原來，強調資訊的編碼與儲存，形成的記憶短暫又不深刻。如果你的目標只是短暫記住某些近期內就要運用的東西，這就不會有問題。但如果你要創造深刻持久、終生可以取用的記憶呢？這時候你必須把焦點轉移到記憶鐵三角最不受重視的第三階段：提取。

在人類大腦裡，提取是建設性的動作。也就是說，你每回提取某個記憶，它就會更深更強，未來也更容易存取。爲了便於理解，你可以想像你的每個記憶都是茂密森林裡的小屋。你第一次去某個小屋時，必須披荊斬棘開闢道路。不過，這條路你走的次數愈多，它就愈顯眼，在大地上的刻痕也愈深。只要提取夠多次，小路就會變成直達那筆記憶的高速公路，再也沒有枝葉擋道。

這就是爲什麼很多人即使每集只看（編碼）一次，仍然能記住高收視節目的細節。每次他們跟朋友討論劇情、上網搜尋粉絲觀點或在腦海裡重演最喜歡的片段，都是在提取相關記憶，讓每個記憶印象更深，未來更容易回溯。這也是爲什麼人們記不住上星期公司會議內容。少了在茶水間或晚餐桌旁的討論或爭辯，那些記憶從來沒有提取過，很快就被荒煙蔓草淹沒，消失在叢林裡。

這句話我要再寫一次，因爲我眞心認爲這個句子大有潛力，可能全面扭轉你對教學力的看法（正如它也改變了我）。

提取是形成深刻、持久又易於存取的記憶的關鍵。

遺憾的是，這本書你既然已經讀到這裡，一定知道事情從來沒那麼簡單。原來我們提取記憶的方法有三種：複習、再認與回想。

我們深入討論之前，必須先弄清楚記憶到底是什麼。

比喻

想像大腦是個交響樂團，每個區域都是某個特定樂器。也許視覺皮質是小提琴，聽覺皮質是雙簧管，海馬迴是豎琴，諸如此類。

每當資訊進入大腦，它觸發的不是單一樂器奏出的單一旋律。相反地，它觸發的是所有樂器同時演奏、瀑布般流瀉的交響曲。比方說，當你看著圖㉛的小鴨，那個畫面會驅使你的小提琴演奏特定曲調……這個曲調再驅動你的雙簧管演奏特定曲調……以此類推。到最後，你對這幅小鴨圖像的記憶會是你的大腦編碼時演奏的完整交響樂。

爲了提取這個記憶，我們必須讓整個樂團（至少其中大部分）奏出完整的記憶交響曲。換句話說，如果你現在閉上眼睛回想那隻小鴨，你大腦的活動看起來就會跟你當初編碼時一模一樣。這就是爲什麼我們經常覺得自己「重新經歷」記憶：千眞萬確，每回我們重新播放某段記憶交響曲，我們的大腦就會回到過去。

最後一件事：交響樂團要能和諧演奏，就得有個指揮來協調各個樂器，在對的時機提示對的樂器奏出對的旋律。一般認爲大腦的指揮就在右側前額葉皮質區（right prefrontal cortex）。只要這個區域出現強烈活化反應，就可以確定當事人正努力提取並回溯某個記憶。

了解這個比喻之後，我們一起來探索記憶提取的三個方法。

圖51：可愛的小鴨

圖52：右前額葉皮質：我們的指揮

圖53：再認記憶之一：提示相關內部旋律

複習（純粹外在）

要讓我們的神經交響樂團演奏某支特定記憶交響曲，最簡單的方法就是重新聆聽那支樂曲。就像按下ＣＤ播放器的重播鍵，每回我們重新回到資訊的原始出處，容許它再次流入我們的大腦，就會觸發相同（至少高度雷同）的旋律。

這種提取記憶的方法名為複習（review），它完全依賴外在世界來啓動記憶。重讀書本的章節、重看錄製的課程、重新瀏覽筆記內容，這些都是複習。

很可惜，複習並沒有涉及指揮，所以既不費力，也無法強化記憶。

想了解我的意思，先別闔上書本也別偷看，描述一下這本書的封面設計。那裡有什麼圖像？有什麼文字？用了哪些顏色？這些元素如何配置？描述的時候請盡量具體，盡量周延。

現在闔上書本看一下。

如果你跟大多數人一樣，你的表現恐怕不如預期……甚至糟得多。而這本書的封面你可能已經看過（複習）幾十次。感覺上複習好像應該有用，可惜多半沒有。

如果你想建立深刻記憶，就得再加把勁。

再認（外在/內在混合）

你能不能從下列名詞之中挑出白雪公主的七矮人的名字？

瞌睡蟲	愛生氣	黑溜丟	眨巴眼
噴嚏精	哈哈笑	餓就氣	緊張鬼
哎呀呀	糊塗蛋	樂呵呵	懶呆呆
萬事通	沒精神	開心果	卡勒西
崔克西	害羞鬼	小拇指	克萊德

這種記憶提取方式名爲再認（recognition）。複習只能依靠外在輸入，再認則結合外在與內在過程來提取記憶。運作方法如下：

德國首都是哪裡？

你讀到這個問題以後，你的指揮（右側前額葉皮質）甦醒過來，開始工作。它利用問題裡的資訊開始召喚你大腦各區域的相關旋律。以這個問題爲例，它可能會指示大提琴演奏「德國」、長笛演奏「首都」。

可惜的是，這個時候只有某些樂器在演奏「德國首都」旋律。我們稍早討論過，我們想提取某個記憶，必須讓整個樂團奏出完整樂曲。

看看以下這三個可能答案：

a 慕尼黑

b 漢堡

c 柏林

你讀這些選項時，每個選項都會在你的大腦啓動特定型態。這時你的指揮仔細聆聽這些湧進來的型態，分別拿來跟它持續保留的「德國首都」旋律比對。一旦它聽到相配的旋律，就會提示整個樂團奏出「柏林是德國首都」交響曲。

目擊者配合警方辨認嫌犯時，採用的記憶提取方式就是再認。在這種情況下，目擊者掃描涉嫌人的臉孔，大腦某些區域演奏著「犯罪」旋律的某些面向。一旦找到相配的旋律，指揮就會提示整個樂團，元凶現形！

我們來試試。上一章末尾我安插了女人在廚房裡喝紅酒的照片。先別翻回去，也別偷看，看看你能不能從圖⑮的大頭照找出那個女人。

現在翻回第七章末尾看個究竟。

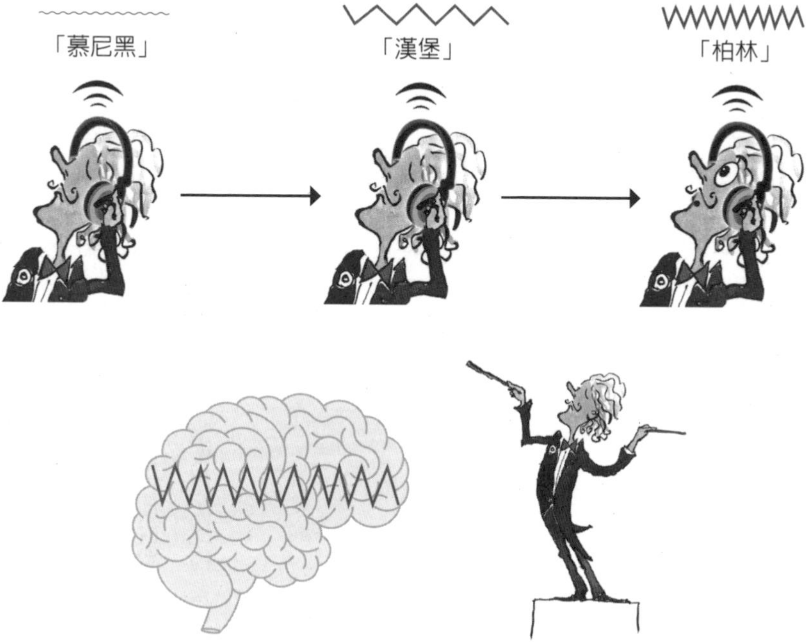

圖㉞：再認記憶之二：選擇相配的外在旋律

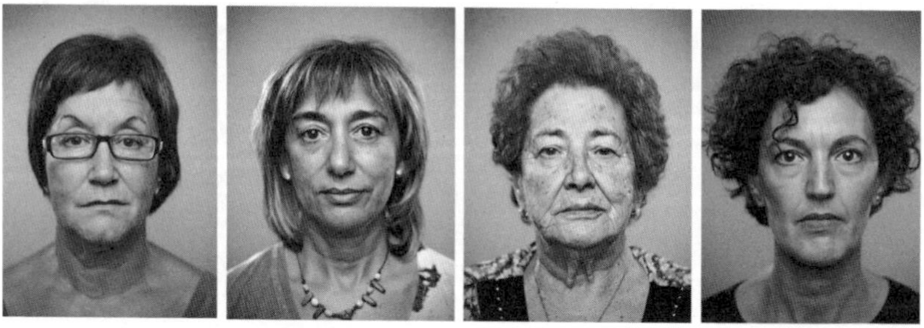

圖㉟：嫌犯大頭照

如果你跟大多數人一樣，你會誤選第一張照片裡的女人。這就是再認的潛在問題。當輸入的資訊跟某個特定旋律夠接近，指揮可能會誤判，提示錯誤的交響曲，無意中創造了錯誤記憶。根據專家估計，百分之七十的冤案來自這種目擊者誤認。

撇開缺失不談，再認創造的記憶肯定比複習更深刻。不過如果我們再多花點工夫，看看結果會如何……

回想（純粹內在）

七大罪是什麼？（說正經的，花一兩分鐘時間一個個回想。）

1 ＿＿＿＿＿＿

2 ＿＿＿＿＿＿

3 ＿＿＿＿＿＿

4 ＿＿＿＿＿＿

5 ＿＿＿＿＿＿

6 ＿＿＿＿＿＿

7 ＿＿＿＿＿＿

現在翻到本章最後一頁，看看你答得如何……

這種記憶提取叫做回想（recall）。複習與再認需要外在世界的協助，回想則是一種純內在過程。它的運用方式如下：

德國首都是哪裡？

跟先前一樣，你讀到這個問題之後，你的指揮會喚起大腦某些區域裡的「德國首都」旋律。不過這回它沒有外來的協助，於是開始從大腦各區喚出各式各樣的旋律，希望其中某個能引導它找到它需要的記憶交響曲。這時它可能會喚出你讀過的德國小說；你看過的德國電影；你聽過的德國歌曲等等。這些相關旋律稱爲聯想（association）。指揮希望喚出夠多聯想之後，能找到足夠的線索，獨力拼湊出完整的「柏林是德國首都」交響曲。

回想某個特定記憶的過程中喚醒的聯想，都會跟那個記憶緊密結合。也就是說，未來你會更容易回想到「柏林」，因爲你已經打造了不少通往那個記憶的強大聯想路徑。更重要的是，每個聯想還能跟其他所有聯想緊密連結。德國小說、電影和歌曲也會緊密連結在一起，這些記憶未來也因此更容易回想。只要有足夠的時間（和充分的回想），我們就能創造相互連結的廣大聯想網絡，方便我們更快速、更輕鬆地存取龐大資訊。

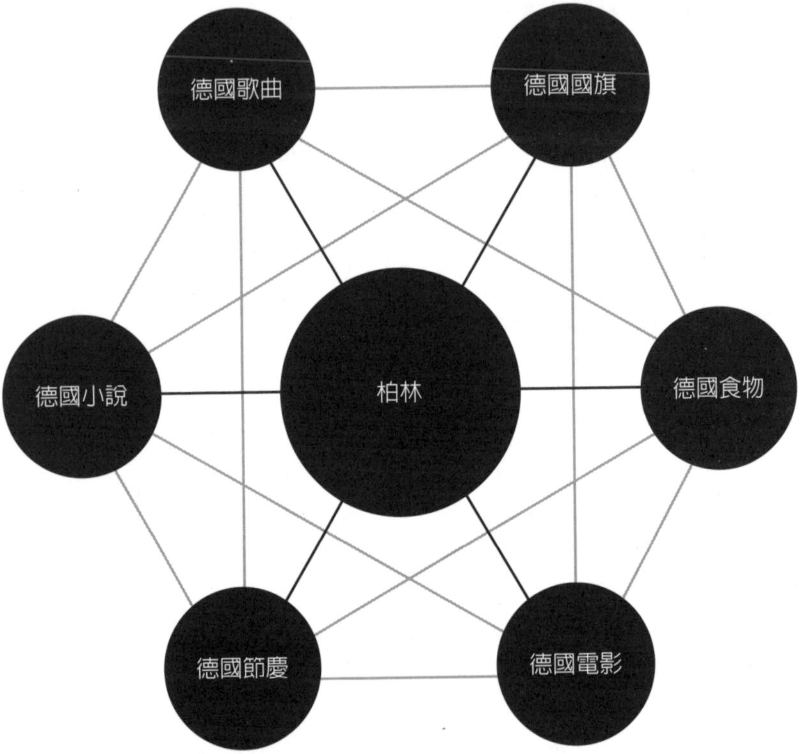

圖㊻：聯想網絡

可惜的是，正如警方的嫌疑人辨認，我們確實有機會回想出錯誤的資訊，因而創造錯誤記憶。當錯誤記憶捲入某個聯想網絡，整個網絡裡的觀點都可能出錯。因此，如果可能的話，最好以反饋輔助回想。如果回想創造的是深刻記憶，那麼反饋創造的是正確記憶。

回到開頭

我們用開頭的方式做結束，但穿插一點變化。先別翻回去，也別偷看，盡量回答以下問題。

- 前輔助運動皮質有個重要職責，是什麼？
- 大腦負責偵測錯誤的區域叫什麼？
- 環境刺激繪製在大腦哪個區域？

- 情節記憶和語義記憶是哪種記憶的兩種形式？

・沒有空格大小寫與標點符號的書寫方式，古代名稱是什麼？

・麥格克效應指的是哪一種心理現象？

・本書前七章的章名是？

1

2

3

4

5

6

7

這回你表現如何？

如果你跟大多數人一樣，第一組問題答得可能有點辛苦……雖然你十幾頁前才讀過那些資訊。這就是複習的效果：本章開頭只靠外在協助提取那些資訊，形成的記憶相當淺薄，讀到本章末尾時已經很難提取。

第二組問題你是不是表現好一點？這就是再認的效果：本章開頭你結合內在與外在過程提取資訊，產生的記憶稍微深刻一點，這時提取就容易了些。

最後，如果你跟大多數人一樣，第三組問題可能答得還不錯。這就是回想的效果：本章開頭時你只靠內在過程（再加上反饋），形成的記憶深刻又正確，現在也可以輕鬆提取。

給領導人、教學者與教練的提示

1、在課堂上運用提取（尤其是回想）

很多人認爲提取是個無關緊要的過程，只在最後成果展現時派得上用場。

既然你已經明白提取（尤其是回想）在記憶裡扮演關鍵角色，就不難猜到忽視提取會產生什麼負面效果。不要延遲提取，要想辦法將它納入課堂與練習時間。要求學員口頭說明某個過程或主題；課前、課中、課後實施無風險或低風險測驗；選擇某個特定觀念，腦力激盪相關聯想。

在課堂上與兩堂課之間安排提取資訊的充足機會，將有助於加深記憶，增進理解，因而提升成績表現。

「如果學員回想不出某個觀念，能不能給予提示？讓他們自己傷腦筋會不會比較好？」

回想有兩種不同類型：自由回想與線索回想。

自由回想是指我們自己想辦法存取某個記憶。線索回想是靠外在引導的協助找出特定記憶。

線索回想跟再認不同。再認過程中，教學者提供正確答案（以我們先前的例子就是柏林），學員只需要辨認出來。反觀線索回想，教學者提供的只是聯想（記得你上星期看的那部德國電影嗎？），學員還是得靠自己想出正確答案。因此，線索回想形成的記憶比再認更深刻（不過自由聯想完勝它們兩個）。

有個不錯的經驗法則：學員初次接觸新教材時，使用線索回想。這麼一來你可以突顯聯想的重要性，協助學員建立有效的聯想網絡。學習一段時間以後，不妨慢慢收手，開始採用自由回想。這可以強化學員的聯想，形成眞正深刻的記憶。

「有時候我寫東西或說話時明知道自己要說什麼……但就是想不起來，這是怎麼回事？」

這個現象叫做「舌尖效應」（Tip-of-the-Tongue Effect）。雖然還沒有人知道它的確切原因，大部分的理論都繞著回想打轉。

我們稍早學到，回想某個記憶（這裡的例子是某個詞語），指揮會提示一組聯想，希望它們能引導它找到正確的交響曲。舌尖現象發生時，人們通常想得到那個詞的第一個字……那個詞大致上的發音……他們最近在哪本書讀到過之類的。這些都是指揮用來尋找那個正確詞語的聯想，可惜都沒用。

爲了對治這個問題，很多人會改用再認，也就是玩字謎遊戲，希望有個人能猜出那個詞語，大聲說出來，從外界啓動交響曲。

如果你發生舌尖現象時身旁沒有別人（比如寫書的時候），有幾個步驟可以試試。首先，快速寫出一串你能啓動的聯想（那個詞跟什麼詞押韻？總共幾個字？）第二，繼續做別的事。一旦你的注意力不再鎖定那個詞，也許五到十分鐘後它就會浮現你腦海。第三，你想到那個詞以後，把它連同一串聯想詞語寫下來。這麼做可以明確地將那個詞跟相關聯想重新連結，日後比較容易提取。

2、考試時允許翻書不會形成深刻記憶

考試或成果考核時，學員如果可以查筆記、書本或網路，他們就沒辦法學會如何在大腦裡保留與回想資訊。相反地，他們只是學到如何向外尋找並辨識資訊。

別誤會我的意思，尋找並辨識資訊也是非常重要的技能，事實上，可能也正是你想傳授給別人的。比方說，與其訓練客服人員記住幾百個常見問題的標準答覆，訓練他們利用數位系統迅速找到資料可能更合理。

因此，我無意爭論哪種考試方式比較好。我要說的只是，如果你的終極目標是幫助學員內化某一組特定觀念，形成深刻持久的記憶，那麼考試時翻書效果適得其反。

緊迫問題三：數位失智症

「科技正在扼殺我們的記憶力嗎？」

接下來這個實驗只適合某個年齡層的讀者。首先，回答這個問題：

你童年時家裡的電話號碼是？

再回答這個：

你目前最要好的朋友的電話號碼是？

我可以輕而易舉念出青少年時期常用的十幾組電話，雖然我已經幾十年沒撥打過那些號碼。不過，儘管我昨天才傳簡訊給我智慧型手機聯絡人名單裡半數的人，我卻記不住其中任何號碼。

這事雖然很容易解讀爲「科技扼殺記憶力」，事實好像不是那樣（如果是，爲什麼小時候的電話號碼沒有消失？）眞相是，科技似乎在改變我們記憶的方法與內容。電子裝置便於複習與再認記憶。我們只需要搜尋外在資訊，不需要喚出內在資訊。重點是，組織並搜尋外在資訊需要龐大的內在記憶（我們必須記得往哪裡去找、怎麼找、搜尋那些資訊是爲了什麼等等）。因此，我們雖然回想不出某個特定事實，卻肯定能回想起該怎麼使用 Google 輕鬆又迅速地找出來，而且在我們見到它的時候能辨認出來。

我知道這個話題充滿爭議性，所以我不再深入討論。我無意讚美或貶抑科技，只是想表達，科技適用的記憶提取法有別於我們過去偏好的形式。

3、善用包含回想與反饋的閃示卡

閃示卡（flashcard），最古老的學習方法仍然是最好的……只要正確使用。竅門在於製作包含回想與反饋的閃示卡。

每一張卡片上面寫一個問答題，背面寫相關答案。學員讀問題時會觸發特定旋律、喚出相關聯想並強化記憶交響曲。之後，他們翻到背面讀到正確答案，可以避免形成錯誤記憶。

圖57：使用包含反饋的字卡來鍛鍊回想

緊迫問題四：剔除

「我使用閃示卡的時候，該不該剔除答對的那些，只留下我答錯的？」

很多人認為閃示卡是「答對就好」的工具：某個問題我已經答對一次，又何必多花時間再學習它？很可惜，剔除卡片不是好點子，原因有兩個。

首先，記得叢林裡的小路嗎？我們愈常回想某個記憶，未來它就愈容易存取。因此，剔除某張答對的卡片，將會減少回想那筆資訊的次數，可能殃及我們未來存取它的能力。

其次，我們同時學習一組觀念的時候，那些觀念就會連結成聯想網絡：回想的骨幹。如果我們抽掉答對的卡片（繼續學習我們答錯的那些），等於拔掉那個網絡的一個節點，減少我們未來回想其中任何一個觀念時可以召喚出的聯想物。

所以學習的時候別放棄任何卡片，保留整套閃示卡，以便建立龐大可靠的聯想網絡。

4、善用會議後回想

回想的時機永遠不嫌早。

課程、會議或訓練結束後立刻進行，要求聽講者收起筆記，花幾分鐘時間自由回想課程裡的關鍵資訊與觀點。這麼做不但有助於強化記憶，也方便你（身爲領導人、教師或教練）迅速觀察學員吸收了哪些概念，哪些還需要進一步說明。

另外，要求學員兩人一組討論或對照他們回想到的內容，以及他們如何理解那些內容。這可以幫助學員針對剛學到的新觀念建立聯想網絡。

比起課程結束後起身離去，花點時間回想討論，有助於形成更深刻的記憶、更深入的理解和更廣大的連結。

緊迫問題五：畫重點

「我讀書的時候畫重點有好處嗎？」

當然有。在課本上畫重點是很棒的技巧，可以引導你的視線和注意力鎖定關鍵主題、找出重要概念。

很遺憾，畫重點並不能加深你的記憶。

人們畫重點通常是爲了日後回過頭來複習那些地方。這個句子的關鍵詞是「複習」。你現在已經學到，如果你只是回去重讀某些段落，對記住那些內容沒有一點幫助。

更好的做法是回到畫重點的地方，用自己的話敘述那些資訊，再以那些內容製作一系列問答題（閃示卡）。你想必猜得到，像這樣將複習改爲回想，可以帶來人們希望透過畫重點得到的學習與記憶效果。

5、如果學習與記憶不是你的目標，就善用再認

有時候回想不重要，例如使用者介面的設計、辦公室布置、網站開發。在這些情況下，讓其他人迅速又輕鬆找到東西，遠比訓練他們回想那些東西來得重要。

如果教學的主要目標不是建立深刻又便於存取的記憶，那麼善用再認是比較合理的做法。清楚標示出重要品項；利用圖示代表特定按鍵的功能；安排線索讓人們知道自己在哪裡（又要往哪裡去）。另外，運用再認增進使用的便利性時，別忘了維持某個特定程式或裝置各種款式、版本與複本之間的一致。使用同樣的標籤、圖示和線索，可以確保人們始終能夠快速取得他們需要的工具或功能。

請記住：如果你採用再認，別期待學員未來能夠回想特定細節。要理解我這話的意思，不妨問你自己：蘋果電腦商標上面是梗、葉子或梗加葉子？

七大罪

嫉妒
貪食
貪婪
色慾
驕傲
懶惰
憤怒

圖⑱：假使回想不是重點，就善用再認

重點整理

回想能建立更強、更深、更容易提取的記憶。

・某個記憶愈常提取，就愈容易記住。

・記憶可以透過複習、再認或回想等方式提取。

・複習形成粗淺記憶；再認形成尚可（但短暫）的記憶；回想形成深刻記憶。

應用

1、在課程上運用提取（尤其是回想）。

・線索回想幫助學員建立聯想網絡；自由回想有助於加深聯想。

2、考試時允許翻書無助於加深記憶。

・科技不會扼殺記憶力，只是改變我們記憶的內容與方式。

3、善用包含回想與反饋的閃示卡。

・別剔除答對的閃示卡。

4、善用會議後回想。

・讀書時在課本畫重點不能強化記憶。

5、如果學習與記憶不是你的目標，就善用再認。

中場休息 4

請用大約十五秒賞析這張成人教育舊海報

195

GET A-HEAD!

FOR ADULTS
AT
NO CHARGE

ADULT EDUCATION
CLASSES

MANY COURSES · · MANY PLACES

9

促發

某個觀念進駐你的腦袋後，多半會從此留下來。

——埃利澤・尤德考斯基（Eliezer Yudkowsky）

我向來不熱衷猜謎遊戲，我把它們跟老笑話、實境節目和中學歸類在一起：當時好玩，事後回想起來是一陣難堪。

然而，幾年前我聽過一道謎題，卻從此忘不了。

以下情境哪裡出錯？

有個男孩和他父親染上某種疾病。他父親迅速惡化為腫瘤，不幸過世。男孩還活著，卻需要緊急手術，因此被送進醫院。外科醫師進手術室看見男孩，大聲說，「噢，不！我不能做這個手術，那是我兒子！」

想了解我爲什麼忘不掉這個謎題，我們必須探討一個名爲促發（priming）的觀念。

怎麼回事？

上一章我們學到，每一個記憶都跟許多聯想綁在一起，這些聯想可以被喚醒來增進回想。

當時我沒有提到，聯想被喚醒以後，不會馬上關閉。相反地，它們會像被撥動的吉他弦，持續在大腦迴響一段時間。

爲了理解我的意思，請完成以下的詞：

香＿＿

你可以寫出香水、香檳、香料、香腸，或其他任何詞語。不過我猜你寫的是香皂。這是因爲圖㊾的毛巾、洗髮精和蓮蓬頭的圖像還在你的腦海裡迴響，你透過它們解讀那個詞。

促發大概就是這麼回事。你現在已經很清楚，大腦是一部高階預測機器。它最常做出的預測就是：不久前發生過的事，

圖㊾：盥洗用品

都會跟即將發生的事有關（因果關係）。基於這個原因，大腦會留住前不久的思考模式，將它當作引導，用來覺察並理解新輸入的資訊。

我們來看看實際例子：

以太陽爲中心往外數，第七個行星是什麼？

你讀這個問題的時候，大腦各區域的活動想必增加了。這不是因爲這個問題特別困難，而是因爲問題本身跟我們最近討論到的任何主題都沒有關係。這意味著你（和你的大腦）必須有意識地付出努力，才能回想出天王星。換句話說，你沒有受到促發。

接下來試試這個：

roast most host ghost post

什麼食物可以放進烤麵包機（toaster）？

你讀這個問題的時候，大腦的活動想必減少了。不是因爲問題變簡單，而是因爲前面那些詞語的迴響輕鬆快速地帶領你找到答案，不需要你付出額外的心力。換句話說，你受到促發。

問題來了：你是不是錯答「烤麵包」（toast）……而不是正確答案「麵包」（bread）？這就是促發的缺點：就算啓動的聯想不太適合當下的任務，它還是會作用。

雖然促發有幾十款各不相同，其中有三大類別跟教學力密切相關。

概念促發

你能不能寫出以下這個常見詞語？

六——

最簡單（也最常用）的促發應該就是概念促發（concept priming）。這時候某些特定事實或類別被啓動，以便引導別人解讀並理解新資訊。

如果你跟大多數人一樣，可能不太容易答出剛才的填字遊戲。我們來點概念促發：

圓形　三角形　正方形　五角形

再回到那個填字遊戲，現在答案是不是呼之欲出？當然，答案是「六角形」。這就是促發的力量。透過啓動相關事實，讓它們在大腦各處迴響，你可以更輕易解讀看似困難的教材。這就是爲什麼很多學校教師利用每堂課前十分鐘複習前一堂課學習過的內容：他們在對學生做概念促發，以便新觀念更容易立足並記住。

概念促發是廣告的基石。下回你看電視的時候不妨留意電視廣告內容如何安排。它們多半不會直接介紹產品或服務，而是先來點情感濃烈的橋段：也許是幸福的一家人圍在晚餐桌旁說笑；親密的情侶在熱氣球上親吻；或滿身泥汙的男人在野外的溪流釣魚。這一小段劇情就是概念促發，用來啓動某種特殊情感，等商品正式登場，你會不自主地被迴響在你大腦中那個情感影響（「我從來不知道網路服務供應商能帶給我這麼多歡笑！」）

期待促發

科學研究已經證實，男人大腦裡的「計算」區域比女人大。這就是爲什麼在數學能力測驗中，男人的表現通常比女人好。

你可能聽過這個論點（或類似的觀念）。聽起來頭頭是道……可惜根本是無稽之談。信不信由你，大腦沒有所謂的「計算」區域，而且（假使求學經歷相當）男女兩性在數學考試的表現會一樣好。

有趣的來了：如果人們在考試前聽見這句話，情勢就會完全改觀。告訴女性她們的數學能力應該比較差，會嚴重削弱她們的表現；相反地，告訴男性他們應該比較擅長數學，會大幅提升他們的成績。千眞萬確，一句明顯錯誤的論調，會立刻變成自動應驗的預言。

這個現象名爲期待促發（expectancy priming），它可以啓動特定期待或信念，以便引導他人感知、理解各種情勢，並做出反應。

以這個例子來說，啓動「數學／性別」期待並不會導致任何人突然想起或忘記數學的基本概念。相反地，這個促發改變人們面對困難時的反應。受到低期待促發的女性碰到難題時，比較可能解讀爲自己天生的弱點，遇到挑戰立刻放棄。另一方面，受到高期待促發的男性遭遇難題時，更願意解讀爲戰鬥號角，更

法院撤銷縱火案判決

墨爾本──聯邦法院法官推翻他在二〇一四年一樁縱火案做出的「有罪」判決。這位法官重新檢視卷宗，認爲證據「不夠直接，有欠明確」。湯瑪斯．瓊斯當年因爲引發森林火災燒毀兩棟屋舍遭到起訴，判刑五年定讞，服刑三年後重獲自由。

VS.

已定罪縱火犯逍遙法外！

墨爾本──聯邦法院法官推翻他在二〇一四年一樁縱火案做出的「有罪」判決。這位法官重新檢視卷宗，認爲證據「不夠直接，有欠明確」。湯瑪斯．瓊斯當年因爲引發森林火災燒毀兩棟屋舍遭到起訴，判刑五年定讞，服刑三年後重獲自由。

圖60：新聞標題正是期待促發

努力加把勁面對挑戰。

重點在於，這個過程是雙向道。期待可以導向內在，用來理解我們自己的想法和行為，也可以導向外在，用來理解別人的想法與行爲。

舉例來說，分別要求兩組人閱讀某個學生作的同一篇文章，並加以評分。事前告訴其中一組，寫這篇文章的學生非常聰明，總是名列前茅。相反地，告訴另一組人寫文章的學生散漫至極，成績總是及格邊緣。你猜得到結果嗎？雖然兩組人讀的是一模一樣的文章，那些受到促發、相信文章出自明星學生手筆的人，給的分數幾乎都比以爲文章出自懶散學生的人高。

正是因爲外在期待，當我們聽說負責烹調的是名廚，就會覺得料理比較美味；聽說葡萄酒來自知名酒莊，就覺得滋味比較香醇；聽說水來自純淨的北極冰河，就覺得喝起來比較清甜。別低估這種促發在新聞媒體的力量……

策略促發

如果不使用計算機，你能不能解答這個題目？

（提示：體積等於長乘寬乘高）

如果你在泥地裡挖個寬二公尺、長三點五公尺、深五公尺的長方形坑洞，坑裡的泥土體積是多少？

圖㉛：我應該多吃點薯片

有個簡單的實驗，研究者將受試者分爲兩組，給兩組各一大碗馬鈴薯片，讓他們坐下來看兩小時電視。第一組看的節目之中穿插一般廣告（汽車、銀行、衣飾等），第二組看同樣的節目，只是穿插人們開心吃薯片的廣告。信不信由你，看零食廣告那組人吃掉的薯片比看一般廣告的人多。

好，趁你還沒把這個實驗結果列爲「常理」拋到腦後，我們快速探索一下背後原因。這裡我們探討的現象名爲策略促發（strategy priming）。有別於概念促發（啓動事實）與期待促發（啓動期待），策略促發啓動特定程序或方法，引導人們處理未來的任務。在這個例子裡，看見電視廣告裡的人吃薯片，促發「看見薯片就拿起來吃」的策略，實驗裡的人就是這麼做。

如同所有促發，這個過程也可能偏差。再回頭看看那個挖坑題目，它促發的策略是「乘法」。你可能會心算那個坑洞的容積（三十五立方公尺）。不過，再看一次去除促發後的題目：

如果你在泥地裡挖個寬二公尺、長三點五公尺、深五公尺的長方形坑洞，坑裡的泥土體積是多少？

這回你可能會發現根本不需要用到乘法，那些數字其實沒有意義。本質上，「坑洞」裡不會有泥土，所以正確答案是「零」。

回到開頭

現在我們回到本章開頭那個謎題。我之所以覺得那個題目有趣，是因爲它同時使用我們討論到的三種促發。再讀一次，看看你能不能找出每一種促發：

以下情境哪裡出錯？

有個男孩和他父親同時染上某種疾病。他父親迅速惡化為腫瘤，不幸過世。男孩還活著，卻需要緊急手術，因此被送進醫院。外科醫師進手術室看見男孩，大聲說，「噢，不！我不能做這個手術，那是我兒子！」

概念促發：這個謎題一開始密集提到「父親」和「男孩」兩次。這些詞正好啓動「男性關係」聯想。因此，人們讀到謎題最後的「兒子」，自然會想到這種男性關係。

期待促發：雖然目前已經慢慢改變，但傳統上醫學一直是男性主導的領域。謎題中間的「醫院」正好啓動這種「陽剛」期待，當人們讀到謎題最後「外科醫師」這個詞，多半會以這種陽剛角度解讀。

策略促發：謎題一開始就問「哪裡出錯？」這句話暗示謎題裡某個地方有問題，啓動「找錯」策略。因此，當人們讀完謎題，多半會主動尋找邏輯、語言或文法錯誤。

你把這些促發都排除以後，就清楚看見根本沒有謎團：這只是個發生在男孩、他父親和他母親之間的簡單故事。

問題點

當你完全掌握會議或課程，就能利用促發迅速又輕鬆地引導學員踏上你要他們走的路徑。可惜的是，我們很少（如果眞有）能完全掌控。事實上學員隨時隨地都在啓動他們自己的概念、期待與策略，而這些可能會跟你想要建立的促發背道而馳。這就是爲什麼學者很快告訴我們，在高度掌控、人爲操作的實驗室情境下促發雖然有效，但在紛亂的眞實世界裡，它們的效果卻可能是脆弱又不可預測。

因此，想運用促發來提升教學力，必須考慮兩個重點。第一：永遠不要依賴促發。它們太難掌握，也未必有效，所以別用它們取代本書探討過的其他更可靠的策略。倒是不妨用促發來支持輔助那些策略。第二：弄清楚你想用促發達到什麼效果。知道你想要的特定結果的好處是，萬一促發失靈，你馬上能夠介入，採用其他方法來引導學員。

你可以放心大膽玩玩促發，只是別把所有的雞蛋放在這個籃子裡。最好把它當作輔助策略，用來爲你端出的主策略蛋糕鋪糖霜。沒有糖霜的蛋糕還是蛋糕，只是沒那麼甜。

給領導人、教學者與教練的提示

1、審慎建立第一印象

不管你喜歡或討厭，第一印象就是存在。對初次見面的人或第一次接觸的局面，人們不到三十秒就會做出論斷，啓動相關期待。有趣的是，瞄一眼大腦的活動，會發現第一印象很少是邏輯思考或深思熟慮的結果。相反地，驅動它們的是大腦的情緒中心：杏仁核（amygdala）。也就是說，我們想給別人什麼樣的第一印象，就得考慮哪一種感受（feeling）最適合將人們引向我們想要的方向。

舉個例子，我授課或演講時通常穿得比較休閒，一開始先來個全場輕鬆聊。我之所以這麼做，是因爲我想要激發的感受（第一印象）是安全感：我希望所有人都有足夠的安全感，可以放心參與，知道他們表達的意見會被聽見。

有一次我應主辦單位要求，穿西裝打領帶去給一群孩子上課。你大概猜到了，我給他們的第一印象是權威，學生因此感到膽怯，整堂課靜靜坐著。不管我多麼努力，大局已經底定，我沒辦法打破他們的沉默，沒辦法激勵他們跟我互動。雖然這不會影響學習，但我不希望他們用太過說教或學術的眼光看待我傳達的內容。

緊迫問題一：不成功便成仁

「第一印象眞的永遠不會改變嗎？」

好消息：第一印象可以打破，但可能不是用你想像的方式。

認爲第一印象會隨時間淡化，或者以爲只要多花時間跟你一開始不喜歡的人相處，慢慢就會看見他們的優點，最後喜歡上他們。這些想法聽起來有點道理，可惜第一印象通常不會跟蠟燭一樣融化。相反地，它們更像是一翻兩瞪眼。

既然第一印象由情感反應而來，打破第一印象就需要激起更強烈的反向情感。比方說，如果你對我的第一印象是害怕，我就算花幾個月的時間告訴你我這人不可怕，也起不了多少作用。不過，如果我踩到香蕉皮滑倒，我在你心裡的印象可能會變成呆瓜。如果我拿溫暖的毛毯裹住一條發抖的狗，我在你心目中可能會變成暖男。如果我跟你說一段心碎的過往，你可能會因此同情我。
感受創造印象；感受翻轉印象。

2、想法一致，也要正確

如果以爲所有人走進會議室、課堂或練習場時，腦袋裡都激盪著同樣的聯想，可就大錯特錯。有些人可能想著早餐，其他人可能想著即將到來的期限，更有人想著新的電視劇。如果我們知道這些縈繞腦海的聯想會影響人們對資訊的解讀與記憶，就該花點時間確保大家心念一致，都在想同樣的事。

除此之外，確保大家都在想對的事也同樣重要。如果會議一開始你任由大家埋怨自動販賣機品項少得可憐，那麼大家想法肯定一致，卻未必是最能增進他們理解的想法（除非你希望他們用略帶負面的眼光看待你要表達的內容）。

因此，不妨從「優秀教師手冊」偷學個撇步，花五到十分鐘複習、啓動相關知識。重點在於，這個複習可以不枯燥。這其實是絕佳機會，正適合運用回想策略（例如以益智節目方式進行）、錯誤策略（細數常見的誤解）、敘述策略（編出動人的故事）等等。

值得注意的是，有些時候你可能不希望學員想法一致。比方說，如果你想增進意見交流、創造全新的連結，或希望幫助學員從個人角度詮釋各種觀念，那麼概念促發反倒可能會妨礙這些目標。除非某個目標是你想要的，否則別帶領學員朝它前進。

3、熱身活動有助提升表現

我們引導學員啓動的知識，將會影響他們如何解讀與應付未來任務，我們採取的第一個策略也是。如果你以辯論開場，學員會傾向以批判眼光看待你傳達的內容。如果一開始來個比較與對照討論，學員就會在你傳達的內容裡尋找更廣泛的模式與連結。如果你用記憶練習導入，學員就更容易注意教材裡的細節。

演說、課程或訓練時清楚知道你要學員採用什麼策略，你就知道該如何決定或設計開場（複習）活動。

4、善用遮盲評量

我們已經學到，外在期待會影響我們如何理解與評斷別人的表現。知道某個自己不喜歡的同事參加了某項計畫，我們可能會否定有潛力的好點子。同樣地，知道好友參與了另一項計畫，我們就可能會接受不算太突出的點子。

只要辦得到，盡可能採取「遮盲」方式評量。跳過封面、塗掉顯眼的姓名、忽視紙張原有的印刷文字。隱藏某份報告的作者、附屬單位或來源，就能減少啓動外在期待的機會，讓某個點子的優缺點更有機會得到正確評價。

緊迫問題二：兩性戰爭第二部

「等等……男人和女人的大腦結構一樣嗎？」

好笑的是：別人也都分辨不出來！事實上，如果你問一百個腦科學專家這個問題，肯定沒有一個能持續而正確地分辨男人和女人的大腦。

我們在第五章討論過，多工能力沒有性別差異，只有個別差異（無關性別）。這裡也是同樣的道理。大腦的組織不是根據性別，而是隨著情感、環境、經驗的塑造而改變。正如指紋各不相同，每個大腦也都獨一無二。

正因如此，「男性大腦」和「女性大腦」這種說法沒什麼道理：只說「大腦」就夠了。

5、演示認知策略

我們經常認爲策略是我們做的事。因此，演示某個特別的過程或步驟時，大多數人把焦點放在肢體動作上。道理很簡單：學員看見專家如何完成特定任務，就能夠模仿學習。

沒錯，肢體演示是最有效的教學技巧，所以不妨經常用、盡量用。只是，千萬別忘了策略不限於肢體層面，也可以是心理層面。因此，明確突顯出各種策略背後的思考過程，也是個好點子。

簡單舉例，想像我正在教你乘法。我不只可以向你示範數字相乘的分解動作，也能口頭說明我心裡如何處理並評估這類問題。比方說，我可能會告訴你：「首先，我尋找數學符號，以便決定採用哪種算法（以這個例子來說，我看到『×』，所以知道我要做乘法）。接下來我確認每一列數字都正確對齊……」諸如此類。

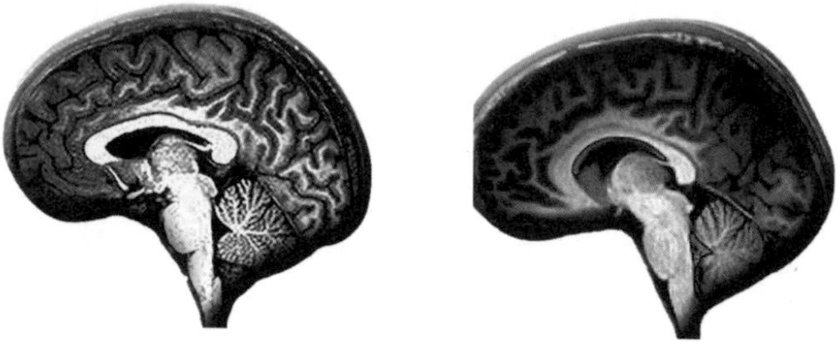

圖㉒是一男一女的腦部，你分辨得出來嗎？

知道如何思考某個步驟，可以幫助學員日後在不同情境運用這個步驟。

還有個額外的好處。很多人從來不曾用心考慮自己做某個練習時心裡在想什麼。以口頭方式明確教導通常不容易意識到的思考步驟，眞的能幫助你（作爲領導人、教師或教練）進一步了解、調整並增進你的教學技巧。

緊迫問題三：覺察

「促發的效果永遠都在，或者有辦法消除？」

促發的消除簡單得可笑，只需要覺察就夠了。

還記得我們不久前看到的「燒烤（roast）和烤麵包（toast）」押韻促發嗎？接著看看這些字：

joke poke smoke soak broke

蛋白的英文叫什麼？

雖然那些字引導你回答「yolk（蛋黃）」，但我猜你沒上鉤。只需要知道這裡面

暗藏促發，你就能辨認並否決它。幸運的是，覺察好像對所有種類的促發都有效。比方說，看穿那個「數學／性別」促發的女性，在數學測驗裡的表現就不會太差。

請當心：覺察可能會引導人們對促發產生負面反應，導致反效果。比方說，有些人知道餐廳借用名廚的招牌讓客人覺得餐點更美味，反而給出比沒受到促發更低的分數。如同上面所說，永遠不要低估促發的力量：它們不牢靠，如果過度依賴，還可能得到相反結果。

緊迫問題四：打預防針

「當然，如果有人明白指出促發，我可以消除它的作用……可是我覺察不到的那些呢？有沒有辦法保護我免受它們影響？」

爲自己打預防針的祕訣在於，先預測未來碰見的促發可能有什麼潛在影響，在它發生前想個特定方法對治。通常我們說這是在制定「如果……就」計畫。

道理很簡單：一旦你設定目標（比方說，「我要做三十分鐘簡報」），先花幾分鐘預想，思索邁向那個目標的過程中可能遇見什麼阻礙（「我可能會被干擾，打斷思路。」）接著，想出一套你遇見那種情況時可以採取的行動（「如果我的思路被打斷，就請聽講者提醒我剛才說到哪裡。」）

制定這個「如果……就」計畫，你就會對現場可能出現的任何打斷你思路的干擾超級警覺（比如某人提醒你過去某次簡報表現太差造成的期待促發）。我們前面討論過，一旦你覺察某個促發，它就不會有作用。換句話說，光是制定應變計畫對治可能發生的促發，通常就足以保護你免受促發影響。

重點整理

預先啟動知識、期待和策略來增進他人的學習。

- 大腦會保留最近期的聯想，將它們與新資訊連結（因果關係）。這種模式的利用稱為促發。
- 概念促發啟動知識並引導理解。
- 期待促發啟動期待，引導見解與／或反應。
- 策略促發啟動程序，引導表現。

應用

1、審慎建立第一印象。

- 感受創造印象；感受翻轉印象。

2、想法一致，也要正確。

3、熱身活動有助提升表現。

4、善用遮盲評量。

5、示範認知策略。

- 知道促發的存在，就能消除它的影響。
- 使用「如果……就」計畫來預期並化解可能的促發。

10

故事

斷開腦海裡知識之間的連結，就像關掉網路上的頁面：它們等於不存在。

——史迪芬・平克（Steven Pinker）

這一章既然探討故事，理所當然應該以感人肺腑的故事開場。也許說一段我的童年舊事，穿插令人脈搏狂飆的行動和痛徹心腑的哀傷，讓人類對愛的力量重燃信心……

到這時你多半已經知道我很少走「傳統」路線。因此，我決定不在這裡編造完美故事，而是要把這個苦差事交給你。

接下來的活動你需要計時器，（最後）還會用到紙和筆。

第一回合

底下有幾個名詞，你的任務是在六十秒內記住愈多愈好。在這一回合，我希望你記那些詞語的時候在腦海裡具體想像那些實物。

按下計時器開始吧！

球	房子	船
自行車	狗	花
電影	兒童	椅子

手　鵝　眼鏡
電話　瓶子　書

太好了。我們趕緊再玩另一個回合，不過這次我要做點小小改變。

第二回合

底下有幾個名詞，如同上一回合，你的任務是用六十秒記愈多愈好。不過，這回的做法不是具體想像那些物品，而是把每個詞串連起來，編成連貫的故事。比如你讀到「毛毛蟲」、「帽子」和「蘋果」，就可以編出以下的簡單故事：「餓極了的毛毛蟲戴著牛仔帽啃穿那顆鮮嫩多汁的蘋果。」

按下計時器開始！

餐廳　汽車　花瓶
女巫　糖果　桌子

蜥蜴	西裝	筆電
牙齒	腳	帽子
葉子	心臟	燈

好極了。我們過些時候再回到這個實驗。現在暫時讓那些名詞滲入你的潛意識，我們換個檔，把注意力轉向另一個地方……

記憶地標

我在這本書裡分享過不少故事。比如潛水人員在水裡記單字；亨利．莫雷森的海馬迴被切除後再也不能形成新的敘述記憶；還有我自己第一次看見阿巴合唱團唱〈舞后〉。

當然，這些軼聞相當有趣，讀起來也挺開心（但願），但我選擇安插那些故事另有用意。爲了弄清楚，我們先花點時間一窺城市規劃的堂奧。

早在袖珍地圖和導航系統問世以前，人們需要快速又簡便的方法在逐步擴展、日益複雜的城鎮穿街走巷。解決方案：在城市正中央建起一棟高聳參天的樓房、尖塔或雕像。只要這棟建築物

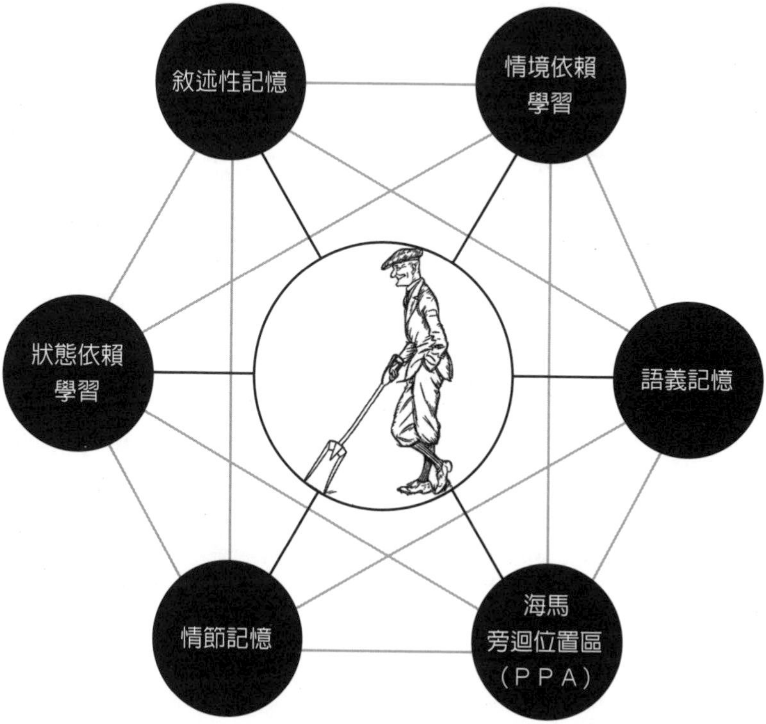

圖63：跟穆尼連結的聯想網絡

比周遭屋舍高，任何人都可以輕易看見它，以它爲簡便地標引導自己，確認自己身在何處，找出該走的方向。

記憶差不多也是這麼回事。你現在應該已經知道，每個記憶都跟一定數量的聯想綁在一起。當聯想網絡成長擴大，資訊的尋找與組織就會愈來愈困難。因此，爲了便於在這些網絡通行，我們需要地標：能幫助我們辨識方向、理解相連知識的顯著記憶。

故事登場。

故事就像心靈艾菲爾鐵塔：它們在我們的腦海創造突出、難以抹滅的印象，因此成爲構築並組織聯想網絡的理想記憶地標。

正因如此，我才會告訴你，我的家族長輩穆尼用舊鐵鍬打高爾夫球。當然，那個故事本身也確實很有意思，但我是拿它當地標，安排並連結隨之而來的概念。穆尼現在是個重要樞紐，方便你存取情境依賴學習、狀態依賴學習、情節記憶、語義記憶等觀念。

我們繼續探討故事爲什麼這麼難忘之前，最好先對「故事」下個精準定義。

故事……什麼東西？

有關什麼是故事、什麼不是的爭論已經吵了幾千年。從亞里斯多德到史蒂芬．金（Stephen King），好像每個人都有自己的看法，始終討論不出統一的定義。幸好我們可以從中抽取出幾個共通點，有助於釐清這個莫衷一是的詞語。這當然解決不了千年之爭，對我們目前的討論卻是綽綽有餘。

以最純粹的形式而言，故事必須包含以下三種元素：

1、有實質上的要旨。
2、有精神上的要旨。
3、有聽故事的人。

實質要旨

故事主要以行爲組成，也就是獨立的事件、時刻或事實。比方說，狗在吠叫；貓爬上樹；松鼠暈倒。這些都是行爲。

你應該看得出來，光是列出幾個行爲成不了故事。這些行爲必須連接起來，變成清晰的因果排列，稱爲情節（plot）。舉例來說，「由於狗吠了，貓爬上了樹；因爲貓爬上樹，松鼠暈倒了。」現在故事慢慢成形。

心理要旨

故事還得包含能反映或驅動情節的心理或情感元素。這個心理要旨創造出角色、動機與意義。比方說，「由於憤怒的狗大聲吠叫，貓嚇得爬上樹逃跑。松鼠以爲貓要吃牠，誇張地暈過去，想讓貓咪以爲牠死了。」我們的故事完成了！

值得注意的是，這些心理元素可以讓同一個情節衍生出數不清的版本。比方說，「我因爲銷售成績不好，慚愧地辭掉工作。」以及「我因爲銷售成績不好，心有不甘地辭掉工作。」情節相同，故事卻天差地別。事實上：

這個情節描述的是哪本書、哪齣電影或電視劇？

- 主角發現她／他失去（或迫切需要）某個特別事物……
- 因此，她／他離開家，出去尋找這件事物……
- 尋找過程中她／他遇見許多不同人物和情境……

- 由於這些際遇，她／他更深入了解自己，發現自己的能力……
- 等主角找到追尋的事物，她／他已經變成另一個不同的人。

這個行爲要旨是很多故事的核心：從《奧德賽》（The Odyssey）到《海底總動員》（Finding Nemo）；從《愛麗絲夢遊仙境》（Alice in Wonderland）到《阿呆與阿瓜》（Dumb and Dumber）；從《魔戒》（The Lord of the Rings）到《陰屍路第一季》（The Walking Dead: Season 1）。不過，沒有人會分不清這些故事，因爲每個故事的心理要旨都各不相同、獨一無二。

閱聽人

最後，故事必須說給人聽，或以某種形式流傳下去，不管是口頭傳誦、視覺呈現或肢體表演都好。沒說的故事不是故事，只是個點子。因此，故事可說是一種社會現象。

接著我們來看看這些元素如何通力合作，讓故事變成這麼神奇的記憶地標。

鏈接（實質要旨）

上一章我們談過，大腦會留置近期事件的迴響，透過它們來解讀並理解即將發生的事。換句話說，大腦隨時隨地在前一刻與下一刻之間建立有意義的鏈接。比如做夢。大白天清醒的時候，我們清楚知道夢境是許多不相連時刻任意拼湊的大雜燴（前一分鐘你飛越山峰，下一分鐘你在學校考試？）不過，到了晚上睡著以後，夢境卻顯得合情合理（你飛過高山以後當然在考試！）因為你的大腦會把相繼發生的行為構組成連貫的因果鏈。

聽起來有點耳熟嗎？所有故事的主要元素都是情節，它把相繼發生的行為組成連貫的因果鏈。這就是故事之所以難忘的原因之一：它們模仿大腦本然的運作模式。如果你看到的只是獨立的事實，就得花時間和心力將它們串連起來。然而，如果那些事實已經編成故事，你就不需要多費力氣：那個故事可以直接在你大腦的現成軌道上奔馳。

至於實際上如何運作，我們回到本章開頭的活動。

第三回合

1、先別翻回去，花三十秒回想並寫下第一回合你記住的名詞。按下計時器開始！

2、同樣，先別翻回去，用三十秒回想並寫下第二回合你記住的名詞。按下計時器開始！

現在翻回去看看你表現如何。

我們直覺認爲，具體想像出每件物品（第一回合）能增強記憶。事實上，這種策略會孤立個別名詞。相反地，編故事（第二回合）卻能把個別名詞鏈接成因果鏈。由於這是大腦本然的運作方式，很可能你在第二回合記住的名詞會比第一回合多。

「我們以故事思考」這句話不只是比喻。

模擬（心理要旨）

任何時候你做出某個特定動作（比如拋球），你的大腦會以特定型態活躍起來。有趣的是，你想像自己做同樣的動作時，大腦活化的型態也幾乎相同。這就是爲什麼心理演練會是運動訓練過程中舉足輕重的技巧：大腦不會嚴格區分眞實與想像。

最妙的來了：你聽見的故事提及某人做同一個動作（拋球），你的大腦活化的型態幾乎跟前面一樣。如果你接觸到的是單獨的動作（那人在拋球），這種現象就不會發生。可是一旦它嵌進故事裡，你大腦的反應會很類似你正在做那個動作。

這代表我們不只是聽故事，我們體驗故事。故事是最原始的虛擬實境工具（說「最好」也不爲過）。

故事的心理與情感面向也是一樣。我們閱聽故事時，會在內心模擬思緒、觀點與感受。重點

圖⑭：故事驅動心理與情感模擬

是，我們的大腦把這些模擬當眞，做出反應。也就是說，我們不只感受人物的心情，也眞正從這些感受學習。

正如飛行模擬幫助飛行員做好翱翔天際的心理準備，故事幫助人們做好面對人生的心理準備。雖然我不太可能會因爲蒙受不白之冤鋃鐺入獄，不得已只好拿個小石錘挖地道逃跑，但我大有可能在生命的某個時間點體驗到被迫害的感覺，很想靠自己的力量平反。在這種情況下，電影《刺激1995》（The Shawshank Redemption）已經幫我做好心理與情感方面的準備。

同步（閱聽者）

催產素（oxytocin）是個挺有意思的化學物質，它在大腦裡分泌、釋放到全身。雖然目前還沒有人了解它的全部功能，不過，它通常是在母親哺乳或伴侶有親密肢體互動時分泌，因此學者普遍認爲這種化學物質能幫助人們建立緊密、親近的關係。

我會提到這個，是因爲我們深陷故事情境的時候，催產素也會分泌。這也許可以說明我們爲什麼偶爾會對某個角色產生強烈依戀。不過，更重要的是，催產素或許也可以說明我們爲什麼會對某個作家產生強烈依戀。

這就是我先前所說的故事的社會性本質。不管相隔幾千里，不管跨越幾世紀，故事都能在說者與聽者之間建立強烈連結。如果運用在簡報或課堂上，這份連結能夠讓聽講者感覺安全，大幅提升他們的學習意願。事實上，當人們深陷故事情節的時候，他們的大腦型態會開始模仿說故事的人。這個現象稱爲神經耦合（neural coupling），這時候人們不但能向對方學習，也會喜歡對方。

先別急……

我們進一步探討如何運用故事增進教學力以前，有個重點必須先提出來：故事不是萬靈丹。如果學員沒有接觸過某個主題，對的故事可以幫助他們建立記憶地標，方便他們理解、組織並連結新資訊。

不過，如果聽講者對授課主題高度熟悉，很可能他們已經有記憶地標，也建立過相關的聯想網絡。因此，專家通常喜歡接收不夾帶故事情節的純資訊。事實上，專家經常認爲故事「多餘」，甚至可能因此分心。

因此，你必須清楚知道什麼時候、對誰運用故事。不要因此誤以爲面對高知識分子時就該完全捨棄故事。根據我個人經驗，只要故事夠複雜、夠細膩，還是能用來協助專家理解並整合尖端概念，不過這要視情況而定。

圖⑥⑤：說故事的人與聽故事的人之間的神經耦合

給領導人、教學者與教練的提示

1、以故事開場

以故事作爲簡報、課程與練習時段的開場，可以合理期待三種好處。

第一，我們在上一章學到，確認學員想法一致（也正確），可以引導他們解讀並記住新觀念。最好的辦法就是說個動聽（而且相關）的故事，把過去學過的觀念和即將介紹的觀念串連起來。

第二，因爲催產素的關係，故事能幫助學員放鬆心情，願意向你學習。再者，拜神經耦合之賜，故事也讓學員更能以你希望的方式理解新觀念。

第三，研究顯示心理模擬能增進參與度。我們先前探討過，參與不等於學習，所以不能期待故事扛起所有重責大任。不過，如果說完故事來一段扎實的教學（或許以本書討論過的各種技巧爲基礎），那麼學員就會因爲參與度提升，願意花時間與精力學習。

「我們已經了解組成故事的元素……那麼好故事的元素又有哪些？」

如果我說已經有幾百本（或許幾千本）書討論這個主題，絕非誇大其辭……而現在我只有區區幾頁的篇幅。

這就是人生啊。

我們先前學過，故事必須有個情節：將實質行爲往前推的因果鏈。原來，很多「好」故事的情節有個共通結構如下：

在穩定與不穩定之間來回擺盪。故事一開始（基準線）一切穩定：人物生活規律，世界平靜祥和。可惜，某個行爲或事件發生，破壞這份祥和，世界陷入不確定（轉折點）。接下來的故事（劇情鋪陳）是爲找回平靜所做的努力。最後，有個重拾穩定的最終事件（高潮），但這個穩定有別於最初的穩定（結局）。

這個演進可以用六個句子概括：

從前……（基準線）
每天……（基準線）
直到有一天……（轉折點）
基於這個原因……（重複多次：劇情鋪陳）
到最後……（高潮）
從此……（結局）

這是哪個故事？

看看以下六個句子，你能不能猜出這是什麼故事？

從前……有個年輕女孩。

每天……幫刻薄姊姊刷地板。

直到有一天……她受邀參加舞會。

基於這個原因……她得到禮服和馬車，跟王子共舞，午夜時跑回家，掉了一隻玻璃鞋。

到最後……王子重新把玻璃鞋穿回她腳上。

從此……她過著幸福快樂的日子。

你幾乎可以用這個程序敘述所有的故事。

這處理了實質要旨，可是心理要旨呢？有效的故事有沒有共通的心理或情感軌跡？寇特・馮內果認爲有不少，尤其是他稱爲「我們的文明裡最受歡迎的故事」那種：

這種結構以厄運與好運的交互作用爲基礎。一般來說，故事一開始大家都過得不錯，生活單純，只是劇中人物渴望更多。轉折點之後運氣開始轉變；人物變得更大膽、更勇敢，也更快樂。然而，就在高潮以前，好運直線下降。這時候所有的美好化爲烏有，生命彷彿回到開始，再也不可能改變。不過，高潮之後情勢總會扭轉，好運開始攀升。

我們回頭看看灰姑娘。故事一開始她哀傷認命，過著不怎麼精采的人生。等到收到舞會邀請函，事情有了轉機。她在準備參加舞會、遇見王子、與王子共舞的過程中，終於感受到一點生命力。一切都是那麼美好……直到午夜鐘聲響起。突然間，她被匆匆送回家，回到她平凡鬱悶的生活：當然，情況不可能改變。可是，王子重新出現，玻璃鞋合腳，一切都過去了。

「故事有哪些不同類型？」

故事的效果取決於你說故事的目的。以下是幾種主要的故事類型以及它們的主要目標。

源起

這種故事焦點放在某個事實、觀點或過程的出現。比方說，前一天還沒有畢氏定理，隔天就出現了，這是怎麼回事？好的源起故事不只注重如何（一群宗教狂熱分子般的數學家一起研究出來的），也注重爲什麼（這群人相信數字是神，想透過他們的研究跟眾神融爲一體）。

這類型的故事可以用來激發學員對某個主題的興趣，促進個人化。再者，了解某個概念的源起，可以引導學員依據特定主題的「基礎」組織概念。

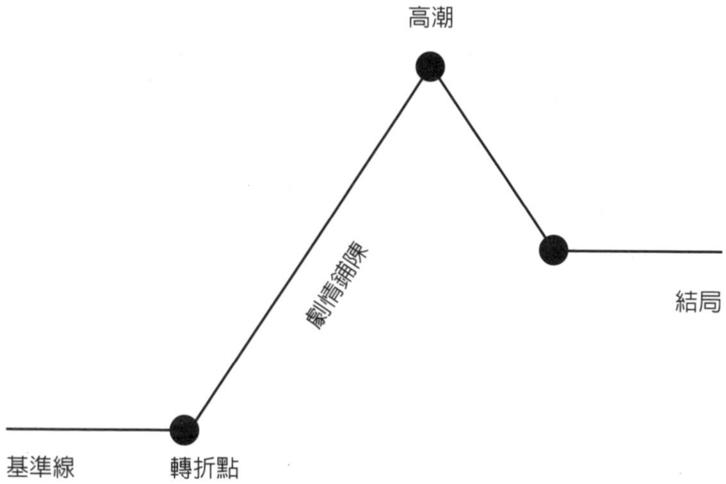

圖⑥⑥：實質要旨

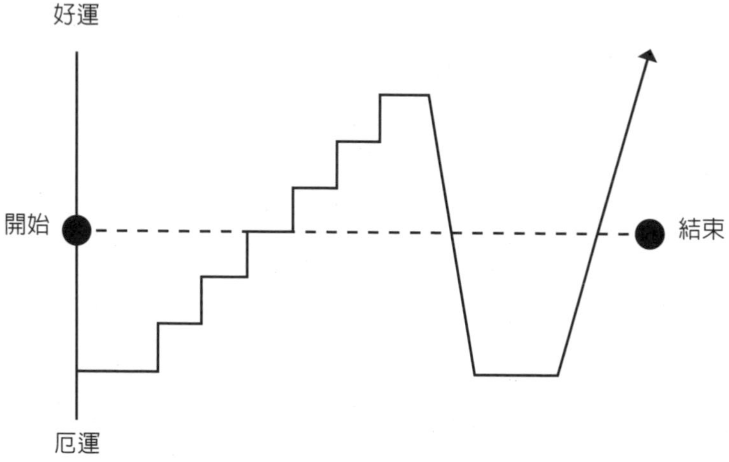

圖⑥⑦：心理要旨

爭議

這類故事以某個難以化解的重大衝突或矛盾爲主軸。比方說，十幾個士兵奉命深入敵陣拯救一名戰俘。這種故事通常呈現沒有正確答案的道德歧義，引導人們質疑自己的假定，增進他們對某個主題的了解，結合看似迥異的觀點。

應用

這類故事的重心是某個人如何運用（或正在運用）某種知識處理眞實世界的問題。比方說，某人把漁具拿來清理海洋廢棄物。這種故事能激發學員從個人角度看待教材內容，思考學術議題如何影響眞實生活，用創新觀點解決問題。

人性化

這種屬於私人故事，取材自演說者的生活。這類故事有助於拉近與聽講者的關係，增進參與度、學習意願與教材個人化。

懸念

懸念（Cliff-hanger）適用於所有類型的故事。從敘事開始，鋪陳到高潮……結局留下謎團（事後再揭曉，或留給閱聽人自行發現）。跟電視節目一樣，這類故事能激起好奇心，吸引人們填補自身知識的缺口。

緊迫問題三：說故事

「我已經選出合適的故事……有什麼竅門可以說得扣人心弦？」

坊間有數不清的建議協助人們把故事說得精采動聽。

有人建議你邊說邊演，但如果你在電台說故事或錄製 Podcast，這個建議沒一點道理。也有人建議模仿每個角色的語調，但如果你說的是情感濃厚的私人故事，感覺會有點蠢。

總之，沒有簡單的訣竅可以教人把故事說好。我願意給的建議只有一個：想辦法去感受你的故事。

如果神經耦合能夠引發說者與聽者之間的共鳴，那麼你說故事時的感受，就會影響聽者聆聽時的感受。我聽我父親說過幾十次他懷錶弄丟的故事。他每次說起那件事，都發自肺腑地大笑……所以我也不由自主跟著笑。反觀我有個前同事，明顯對自己上課時一再重複的故事厭煩透頂。他自己跟故事沒有連結，他的學生自然也是。

你跟故事之間的情感連結，會決定聽講者如何跟故事同步、跟你同步。其他的一切都只是裝飾。

2、第一次聽見的故事影響深遠

身為一九八〇年代成長的孩子，我接觸的《星際大戰》（Star Wars）是最初的三部曲。到了一九九〇年代後期前傳推出，我忍不住拿它們來跟我看過的電影做比較（相當負面地）。沒有丘巴卡（Chewbacca）？不好。

我姪子出生在二〇〇〇年後，他最先看到的《星際大戰》是前傳系列。等他終於回頭看最初的三部曲，忍不住拿它們跟他看過的前傳做比較（相當負面地）。沒有恰恰・賓克斯（Jar Jar Binks）？不好。

故事是我們組織後續聯想的地標，所以我們聽見的第一個版本，可能影響我們如何解讀並理解相關的所有知識。因此，確認你用來介紹某個主題的故事有相關性，也吸引人。如果一開始的故事說教意味太濃或太枯燥，學員很可能會判定這整個領域的知識都艱深又乏味。

3、避免提早給自由

有個名爲探索式學習（exploratory learning）的趨勢逐漸風

圖⑥⑧：拼圖也能這麼玩

行（尤其是網路課程）。本質上，學員拿到豐富資訊，自己設法拼湊學習。背後的理念好像是：如果學員擁有獨力探索的自由，就能創造自己的故事，產生個人豐富的理解。

爲了說明這種做法的問題所在，想像我給你一整袋五千片拼圖，其他什麼都沒有：你不知道最後成品是什麼圖案、什麼形狀，甚至不知道那些拼圖片是不是屬於同一幅圖像（也許是幾個拼圖合併起來）。

對於已經非常熟悉拼圖玩法（也有牢固的記憶地標來引導思緒）的人，這可能是絕佳的練習機會。可是，對某個沒見過拼圖、不知道該如何著手的人，這個任務太叫人困惑，只會浪費大把時間。更糟的是，如果學員當眞堅持下去，也不能保證他們最終拼出來的圖像正確又完整。呿，也許最後他們把所有碎片黏在一起，變成一堆小山。沒錯，他們是會創造出某個成品，但他們仍然不知道拼圖是什麼、怎麼玩。

我說這麼多是爲了強調，如果學員都是新手，可以用故事幫助他們建立清晰又連貫的基礎架構，方便他們接觸並理解新主題。等到打下足夠的基礎，再減少干預，提供自由發揮的機會。

4、鼓勵學員分享自己的故事

什麼也比不上親身經歷。你也許花了幾年時間研究流感，了解它的常見症狀，討論可能的療法。不過，一旦你得到流感，體驗那些症狀，親自嘗試那些療法，那些觀念的意義與重要性都會提升到全新層次。

當人們發現各種概念如何反映在自己的生活中，就會開始把故事個人化。這麼做可以增強動機，最終加深學習效果。因此，鼓勵學員分享與課程主題相呼應的個人經驗，永遠是個好點子。

5、配合聽講者調整故事

這點我稍早提過，不過值得在這裡重複。

如果學員沒接觸過某個主題，利用故事幫他們建立記憶地標。不過，如果學員本身知識豐富，有建立已久（而且有效）的記憶地標，那麼故事可能變得多餘又惹人嫌，最終減低學習效果。

因此，針對學員調整你的故事。再說一次，我們以敘述方式思考，完全揚棄故事不盡合理。不如想辦法增加故事的深度與精細度，以便符合學員的經歷。舉例來說，對一群二戰歷史學者講述珍珠港的故事恐怕不是什麼好點子……不過，敘述某個士兵如何單槍匹馬冒險逃離偏僻的戰俘營，或許恰恰可以幫助這群人把新資訊整合進他們的心智模型。

重點整理

利用故事增進理解、引導思考並形成記憶。

‧聯想網絡圍繞顯著的記憶地標建立起來。

‧故事是理想的記憶地標，原因有三：

1、故事模仿大腦原本的思考模式（因果關係）。

2、故事有助於心理與情感模擬。

3、故事釋出催產素，增進說故事與聽故事雙方之間的連結。

應用

1、以故事開場。

‧故事有三個元素：實質要旨、心理要旨與閱聽人。

‧最常見的情節結構在穩定與不穩定之間擺盪。

‧最常見的心理結構在厄運與好運之間擺盪。

‧常見的故事類型包含源起、爭議、應用、人性化與懸念。

‧你說故事時的感覺，就是聽你說故事的人的感覺。

2、第一次聽見的故事影響深遠。
3、避免過早給初學者自由。
4、鼓勵學員分享自己的故事。
5、配合聽講者調整故事。

中場休息 5

請用大約十五秒賞析這張成人教育舊海報

GET
A-HEAD!
FOR ADULTS
AT
NO CHARGE
ADULT EDUCATION
CLASSES
MANY COURSES · · MANY PLACES

11

壓力

劑量決定毒性。

——帕拉賽瑟斯（Paracelsus）

你可能看過圖69的圖表。這個曲線叫「倒U」，它告訴我們有關壓力與學習的三項重要原則：

1、高度壓力會阻礙學習。

2、適度壓力能增進學習。

3、低度壓力對學習的阻礙跟高度壓力一樣。

第一個原則你應該覺得稀鬆平常，不過第二與第三可能出乎你的意料。現代社會總是強調生活「不強迫、不麻煩、不費力」的面向，發現學習有點壓力未必是壞事，確實叫人詫異。

我們探討壓力如何增進記憶與學習以前，得先區分兩個重要概念。

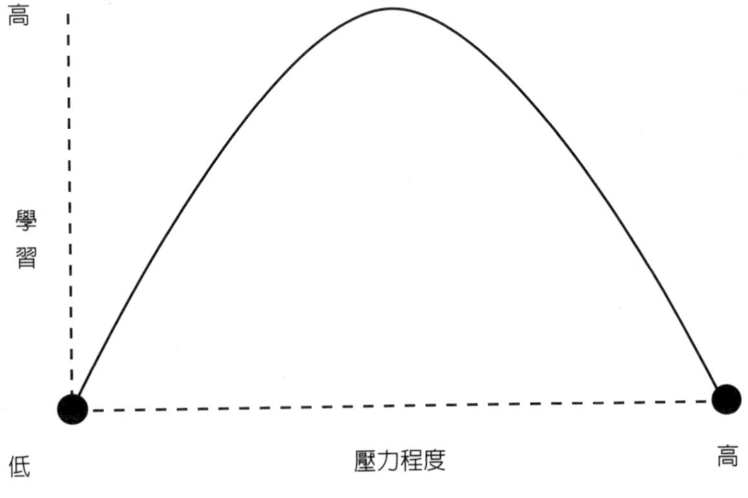

圖69：倒U曲線

身體與心靈

人們總是混用「情緒」（emotion）和「感受」（feeling）這兩個詞。不過你知道嗎？這兩個名詞指涉兩種截然不同的事物。

情緒是我們面對某個特別時刻或事件時，全身上下出現的生理感覺（physical sensations）。情緒由體內化學物質驅動，諸如心臟狂跳、頭皮發麻、呼吸急促等都是。感受則是我們對這些身體感覺的心理解讀（psychological interpretation），由主觀感知驅動，是生理情緒的心理經驗。

這些聽起來可能有點深奧，我們多討論一點。

情緒由藏在大腦深處的兩個小小組織調節：杏仁核與下視丘（hypothalamus）。杏仁核接收來自我們全部十七種感官（！）的信號，據以選定與個別情境對應的相關情緒。下視丘負責刺激化學物質的分泌，釋放到全身，藉以呈現那個情緒。比方說，如果你被一群嗥叫的狼包圍，你的杏仁核會下意識地分析情勢，可能會選擇「恐懼」這個情緒。接著你的下視丘向你的身體釋出化學物質，讓你心跳加速、瞳孔擴大、呼吸變快等。這些生理感覺正是恐懼的情緒。

有趣的是，我們的身體能製造的化學物質類別有限。因此，很多學者相信杏仁核／下視丘組

圖⑩：六種基本情緒

合只能製造出六種基本情緒。請看圖⑳的小寶寶，你能猜出各自代表什麼嗎？

一旦你知道我們的基本情緒相當有限（喜悅、恐懼、憤怒、驚訝、悲傷、厭惡），問題就來了：其他那些都是哪來的？謙卑、懷舊、尷尬、嫉妒……這些都怎麼呈現出來？

這就是感受扮演的角色。

身體對外界的反應雖然受到限制，心理上我們卻有數不清的方式解讀這些生理感覺。回到上面的例子，根據你過去對狼的知識與經驗，你對心跳加速的解讀可能是負面的（你因此覺得害怕、焦慮、不祥）；或正面的（振奮、高興、著迷）；積極的（氣惱、暴怒、抓狂）；或消極的（認命、放棄、軟弱）；或以上隨意搭配。

簡單來說，拜心理解讀之賜，六種基本情緒能夠衍生出近乎無限多的感受。

最重要的來了：情緒和感受之間的關係是雙向的。換句話說，心理解讀也能反饋，因而改變生理感覺。比方說，如果你將狼群解讀爲威脅，這個心理標籤會誘發更多化學物質的分泌，進一步加速你的心跳。相反地，如果你對狼群的解讀是趣味，這個心理標籤會刺激不同化學物質的分泌，減緩你的心跳。換句話說，感受能夠增強或減弱情緒。

那又怎樣？

聽起來都很不錯，不過這跟壓力有什麼關係？

簡單來說，壓力是感受，不是情緒。我們必須在心理上認定某件事給人壓力，才會覺得有壓力。有些人從飛機上跳傘，感覺體內化學物質飆升（腎上腺素、腦內啡等），並且解讀爲「刺激」。這個感受會反饋，改變化學物質的分泌，產生特定生理與心理變化。其他人從飛機上跳傘，同樣的化學物質大量分泌，但他們的解讀是「壓力」。這個感受會反饋，以不同方式改變化學物質的分泌，產生不一樣的生理與心理變化。同樣的情境、同樣的化學物質、同樣的生理感覺，解讀改變了一切。

說這麼多只是爲了解釋，如果某個人沒有將某個特定情緒解讀爲壓力，那麼我們底下探討的一切都是白搭。

好戲上場

爲了了解壓力的作用，我們得先熟悉幾個關鍵角色。

角色介紹

海馬迴：通往記憶的門戶。由數十億個名為神經元的特殊細胞組成，負責處理新資訊並形成新記憶。我們可以把神經元想像成樹木，把海馬迴想像成濃密的森林。

杏仁核：情緒的選擇者。跟海馬迴緊密連結，持續溝通。我們可以把杏仁核想像成負責保護海馬迴森林的城堡。

皮質醇（cortisol）：主要壓力荷爾蒙。在身體方面它會提高血糖、控制血壓；在大腦則會殺死海馬迴的神經元。我們可以把皮質醇想像成企圖砍伐海馬迴森林的蠻族。

正腎上腺素（norepinephrine）：次要壓力荷爾蒙。在身體方面它能加快心跳和呼吸。在大腦則會提醒海馬迴：皮質醇來犯。我們可以將正腎上腺素想像成傳令兵，只要蠻族出現就發出警告。

ＡＲＣ蛋白：全名是細胞骨架活性調節蛋白（activity-regulated cytoskeleton-associated proteins），由杏仁核製造，有兩個任務：對抗皮質醇、強化神經元。我們可以將ＡＲＣ蛋白想像成武士，既要奉命攻打蠻族，也要負責協助海馬迴維持森林的繁盛。

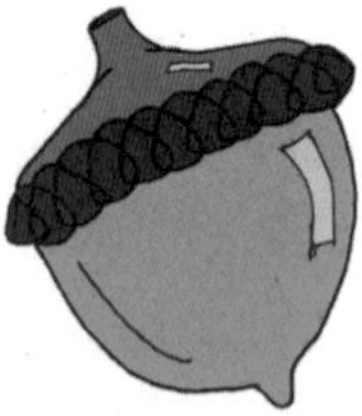

ＦＧＦ２：全名為第二型纖維母細胞生長因子（Fibroblast growth factor 2）。這種蛋白質協助新神經元的生長。我們可以把ＦＧＦ２想像成（終將）長成樹木的種子。

圖⑦：壓力的故事—人物表

燈光調暗，表演開始……

幕起……

第一幕：傑克醫生

有時候壓力來得突然、強烈又短暫。比方說你上台發表前那十分鐘，在這些短期壓力的期間，具體情況如下：

第一場：壓力出現，皮質醇湧入海馬迴，開始攻擊神經元。

第二場：攻擊發生後，正腎上腺素分泌並流入杏仁核，告知需要後援。

第三場：杏仁核分泌ＡＲＣ蛋白送入海馬迴，開始對抗皮質醇。

第四場：ＡＲＣ蛋白和皮質醇的戰鬥刺激ＦＧＦ２的分泌，滲入整個海馬迴。

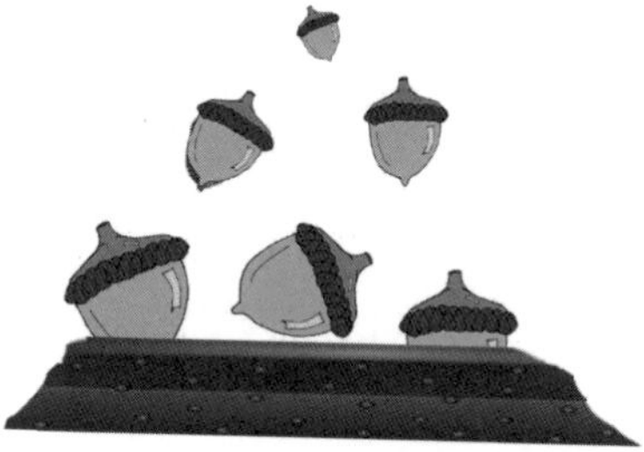

第五場：當壓力情況解除，皮質醇逃離海馬迴，ＡＲＣ蛋白開始修復受損的神經元，讓它們比戰鬥前更厚實、更強壯。

第六場：大約兩星期後，ＦＧＦ２任務完成，新的神經元在海馬迴各處生成，立刻擔起處理新資訊（學習）的任務。

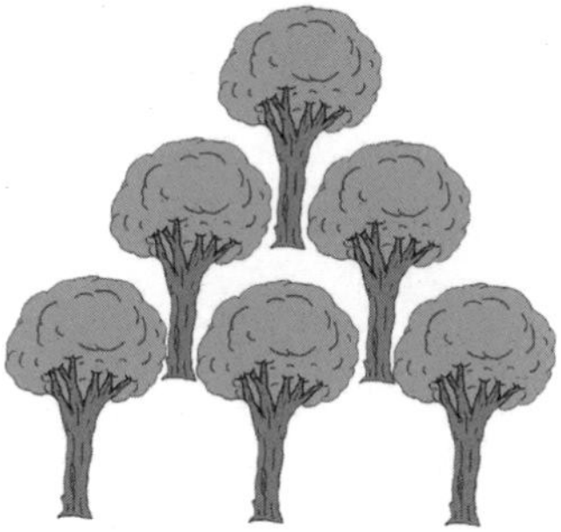

幕落……

圖⑫：第一幕—急性壓力引發的反應

回到本章開頭的倒U曲線，適度壓力能增進記憶與學習，現在看起來應該比較合理了。

首先，在短期壓力期間，ARC蛋白強化海馬迴的神經元，有助於在那個當下形成較深刻的記憶。彷彿ARC蛋白對海馬迴說，「導致皮質醇分泌的原因一定很重要，請記住它。」

此外，適度壓力刺激FGF2的分泌，協助海馬迴產生新的神經元。遺憾的是，這些神經元兩星期後才會生成，這要怎麼增進學習？

知期內辦不到。如果你今天感受到適度壓力，現階段不會有任何作用，但兩星期後可能會增進你的學習。不過，長期來看這個過程就有點道理。如果你每天處於適度壓力下（因爲錯誤、預測失準或不預期事件所致），你會持續生成新的神經元。既然這些神經元都用來處理新資訊，一般學習能力可望大幅提升。

不過，雖然有這些好處，壓力也不是永遠只有光明面……

幕起……

第二幕：海德先生

有時候壓力持續一段不短的時間。比方說，如果你必須在三十天內完成一項重要工作，你可能連續幾星期擔心即將到來的期限。在這段長期壓力期間，情況如下：

第一場：壓力出現，皮質醇湧入海馬迴，開始攻擊神經元。

第二場：攻擊發生後，正腎上腺素分泌並流入杏仁核，告知需要後援。

第三場：杏仁核分泌ＡＲＣ蛋白送進海馬迴，開始對抗皮質醇。

第四場：ＡＲＣ蛋白和皮質醇的戰鬥刺激ＦＧＦ２的分泌，這種蛋白滲入整個海馬迴。

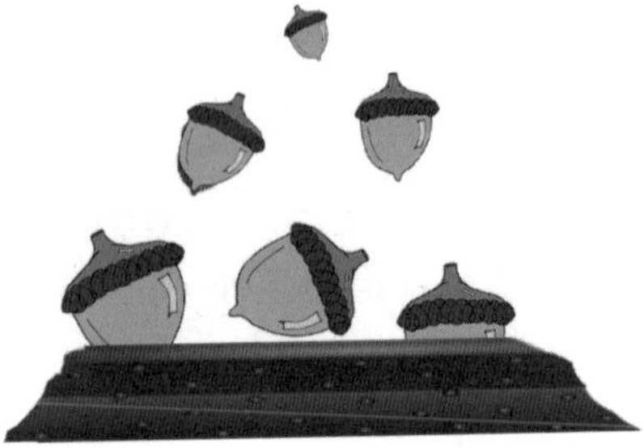

第五場：由於壓力狀況持續，更多皮質醇湧入海馬迴。最後，ＡＲＣ蛋白庫存耗盡，皮質醇大舉殲滅神經元。

第六場：神經元被消滅後，庫存ＦＧＦ２也耗盡，沒有種下新種子。皮質醇持續殺死神經元。由於沒有新的神經元生成，海馬迴開始萎縮。

幕落……

圖⑬：第二幕—長期壓力引發的反應

再回想倒U曲線，高度壓力之所以阻礙學習，現在應該不難理解了。

ARC蛋白與FGF2彈盡援絕，皮質醇所向披靡，大肆損害摧毀我們通往記憶的門戶。更糟的是，因爲海馬迴萎縮，我們存取過去建立的長期記憶的能力也受到影響。這代表長期壓力不但妨礙我們學習新資訊，也阻礙我們存取過去學習到的舊資訊。

這個過程聽起來好像不合邏輯，背後其實有個重要作用。想像你陷入非常糟糕的處境，沒有辦法逃離，比方說困在深山密林的捕熊坑裡，救援三天後才會來到。在這種情況下，你一點都不想建立深刻鮮明的記憶。相反地，既然你短期內求救無門，也沒有新資訊可學，盡量避免消極否定，留一口氣熬到苦難結束，反倒合理得多。我們對長期壓力的反應原理就是這個：在無助的處境下暫時停止形成新記憶。

然而，現代社會中我們不太有機會掉進捕熊坑，反倒更常因爲工作、家庭和各種責任，長期處在壓力當中。在這些情況下，長期壓力反應可能是導致我們失業、家庭失和、逃避責任的危險因素。

最後一件事

我們已經明白高度壓力可能有什麼壞處、適度壓力可能有好處，那麼倒U的第三個原理呢？

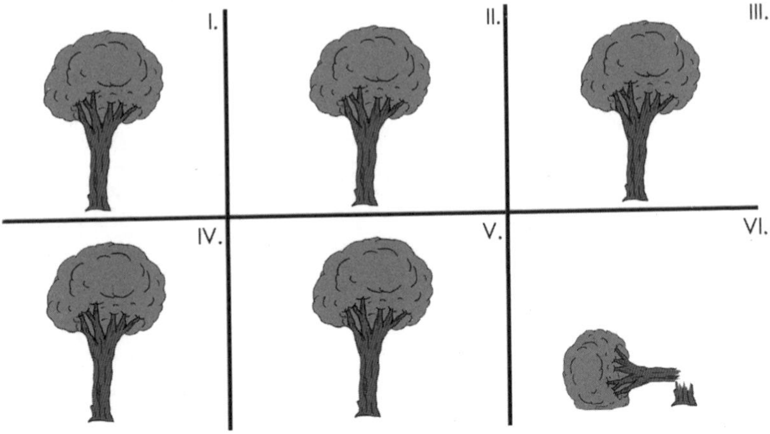

圖⑭：第三幕—零壓力引發的反應

沒有壓力怎麼會跟壓力過大一樣糟？

沒有壓力的時候，皮質醇不會湧進海馬迴；沒有皮質醇，杏仁核就不會釋出ＡＲＣ蛋白；沒有ＡＲＣ蛋白，ＦＧＦ２不會分泌，新神經元不會生成。換句話說，沒有壓力，這些強化記憶、有益學習的化學物質就會進入冬眠。也就是說，在一個沒有錯誤、不可能預測失敗、不會發生不預期事件的完美世界裡，海馬迴會進入暫停模式。

聽起來也許沒那麼糟，但別忘了，時間會消磨一切。因此，海馬迴處於「暫停模式」愈久，就愈容易受到歲月的摧殘。沒有ＡＲＣ蛋白，海馬迴的神經元會自然退化、死亡。同樣地，沒有ＦＧＦ２，就不會有新神經元來取代舊的。當神經元枯萎，我們記憶與學習的能力也隨之減弱。

給領導人、教學者與教練的提示

1、利用情緒變化增強記憶

你已經知道情緒可以增強記憶。這話基本上沒錯，不過事情沒那麼簡單。既然情緒只是在你全身上下流動的化學物質，你就永遠沒辦法關掉它們（除非你不知怎的成功排除體內的所有化學物質……不過我擔心這麼做可能會致命）。這意思是說，所有的記憶都附帶著情緒。正因如此，增強記憶的就不會是情緒本身，而是情緒歷程的某個特質。

我們先前學過，正腎上腺素刺激ＡＲＣ蛋白的分泌，將它們送進海馬迴，因此強化新生成的記憶。其中的祕密是：不是只有壓力能刺激正腎上腺素分泌。事實上，人們只要經歷突然與／或強烈的情緒轉變，這種荷爾蒙就會分泌。

如果你從開心變爲哀傷、生氣變爲害怕，或驚訝變爲厭惡，正腎上腺素就會分泌，增強你的記憶力。同樣地，如果你從有點開心轉爲狂喜、有點哀傷轉爲沮喪，或有點生氣轉爲憤怒，同樣的情況也會發生。

因此，要想利用情緒增進教學力，我們必須知道學員處於什麼樣的情緒，想辦法加以提升、削減或轉移。在一片哀傷之中，喜悅會突顯出來；但在一片喜悅當中，哀傷一枝獨秀。

另外，開心、害怕或憂傷的時間太久，會消耗強化記憶的可能性。所以務必想清楚你希望學員經歷什麼樣的情緒旅程。如果你想在兩小時的簡報裡全程保持歡樂、開心、趣味，到最後一定會發現聽講的人注意力開始動搖。最有效的課程並非只逗我們笑……而是讓我們又笑又哭，震驚又咆哮。

緊迫問題一：閃光燈記憶

「生命中有些片刻我記得鉅細靡遺，這是怎麼回事？」

我們都有幾段鮮明得不像話的記憶。有些是正面的（比如你第一個孩子出生時），有些是負面的（黛安娜王妃過世的消息傳來那一刻）。

這些清晰、詳盡的記憶稱爲閃光燈記憶（flashbulb memory）。曾經有幾十年的時間，學者認爲這些記憶都伴隨具有深層意義（形成我們個人特質某個面向）、或引發深刻情緒（極度震撼、驚訝，或導致體內化學物質大量分泌）的事件而來。

值得推敲的是：每個人都有不具意義、不帶情緒的閃光燈記憶。比方說，我清楚記得某天我坐在我母親的 Jeep Wagoneer 後座，隔著前擋風玻璃看著附近一部汽車的個性化車牌英文字部分是「ｍｏｐ」。在我印象中那一刻沒什麼好大驚小怪，也不是什麼生命轉捩點，不過就這樣：它就像聖母峰似的高聳在我兒時記憶的雲霧上空。

想當然耳，因爲這些「無色彩」記憶的存在，學者開始質疑過去對這種現象的解釋。現階段沒有人能預測閃光燈記憶什麼時候會發生，沒人能解釋它們爲什麼形成、又如何形成（不過大多數理論圍繞著杏仁核與ＡＲＣ蛋白的角色）。

我想表達的只是，儘管閃光燈記憶好像很酷，目前我們卻還沒辦法利用它來增強記憶或學習。

以上結論不怎麼振奮人心，抱歉。

2、混搭

低度壓力有礙記憶與學習。也就是說，如果你經常使用的教學套路流於公式化、重複又可預測，學員可能會進入低壓力狀態，記憶新資訊的能力（或意願）因此降低。

不過，頻繁而短暫的適度壓力有助於增強記憶，持續增進學習成效。換句話說，如果你經常混搭教學時的課程結構、格式、活動、討論與故事，學員就不容易預測，因此必須積極投入每個時刻。讓學員時時提高警覺，就能維持適度壓力，提升他們記憶新資訊的能力（與意願）。

緊迫問題二：腦力訓練之二

「等等……壓力莫非就是保持我的大腦健全活躍的祕密？」

沒錯，可以這麼說。

新奇感是保持大腦反應靈敏的主要因素。每回你從事新的活動、學習新技能或投入全新局面，都會產生適度壓力。我們稍早討論過，每天來點適度壓力，有助於刺激FGF2穩定分泌，海馬迴因此持續生成新神經元。由於這些新神經元處理新資訊，我們的學習與成長本質上也是仰仗它們。

因此，正如我們在第六章學到的，別太在乎腦力訓練遊戲（它們只是提升你將遊戲裡的資訊組合成意元的能力）。相反地，多嘗試嚇人的新事物：學習新樂器或新語言、煮一道新料理。持續投入新奇、無法預測的情境，你的大腦比較有機會保持靈活，記憶力也更強。

只要記住別把新活動看得太認眞。一旦你感受到過度焦慮或沒必要的壓力，就該換跑道了。運用壓力的過程中，切記增益大腦與戕害大腦之間只有一線之隔。

3、愼防狀態依賴

我們在第四章探討過狀態依賴：學習過程中攝取的化學物質會形成我們所學的一部分（還記得在「無酒不歡」的社交場合收集名片的故事嗎？）

現在你已經明白情緒是化學物質。也就是說，情緒的狀態依賴確實可能發生。比方說，在歡樂的場合不容易提取帶有哀傷色彩的資訊。同樣地，心情放鬆的時候通常不容易回想讓人驚恐的概念。

對治狀態依賴最好的辦法就是擁抱多樣性。如果你希望確保任何情況下都能自由取用某筆資訊，不妨在教學與學習過程中花點心思，讓附加在上面的情緒多點變化。盡量找出任何主題的正

圖⑮：新奇感是保持大腦靈活的關鍵

面與負面特質，比如快樂與悲傷，惱人與鼓舞。

相反地，如果某項資訊在某種狀態下最容易理解（比如戰爭的後果與影響），或某種技能只在非常特定的情緒下才派上用場（比如戰鬥技能），那就在學習與練習過程中維持相關情緒。

4、安全感優先

很遺憾，不少人認爲學習是可怕、令人膽怯、具威脅性的事……簡言之，學習帶來高度壓力。如果沒有處理這種感受，很可能你（身爲領導人、教師或教練）還沒開始，有些學員已經放棄了。基於這個原因，最好及早創造讓所有人內心都感到安全的環境。以下提供幾個竅門：

- 提出問題，眞心聆聽回答。這能讓學員覺得他們好像也有發言權，覺得受尊重。
- 主動示弱，突顯你的不完美（也許說個小故事糗糗自己）。這能讓學員放下警戒心，把你看成盟友。
- 提供選擇的機會與自由。這能讓學員產生動力，認清他們自己在學習過程中該扮演的角色。
- 合作。這能讓學員覺得受到支持，把你看成夥伴。

一旦學員覺得可以放心說話、互動或出錯，他們就會重新將「壓力」情緒解讀爲刺激、好玩與吸引人。

5、運用生理與心理減壓技巧

鑑於情緒是生理現象，許多主要的減壓技巧直接針對身體。道理很簡單：只要你能改變化學物質，就能改變情緒。

最有效（也最容易）的辦法要算是深呼吸。你吸氣的時候，肺部的接受器會刺激分泌一種化學物質，這種化學物質有助於減緩皮質醇與正腎上腺素的分泌。你呼氣時，不同的化學物質釋出，減緩心跳速率、降低血壓。短時間之後，那些一般解讀爲「壓力」的生理感覺消失，新的解讀（感覺）於是出現。

另一個方法稱爲漸進式肌肉鬆弛（progressive muscle relaxation）。簡單來說，這種技巧系統性地綳緊、保持再放鬆不同肌肉群。用力綳緊肌肉群時，那份力量會燃燒體內多餘的皮質醇；當肌肉群放鬆，血壓就會下降，心跳也變慢。要想體驗這種感覺，只要握緊你右手拳頭，持續五秒，再打開放鬆。同樣地，不一會兒壓力的生理感覺會消失，新的解讀就能取而代之。

重點是，如同我們早先討論過，感受會反過來影響情緒。因此，也有不少次要的減壓技巧以心靈爲標的。冥想、正念、暴露療法。這些減壓技巧的目標不在防止壓力帶來的生理感覺，而在轉念、重新解讀。背後的概念是，如果你能將壓力情緒重新標記爲振奮、有趣或好笑（或者徹底移除所有標籤），你體內的化學反應就會改變。

緊迫問題三：記憶空白

「有時候我正在簡報，大腦突然一片空白。前一秒我什麼都記得，下一秒卻幾乎連自己的名字也想不起來。那是怎麼回事？」

啊，可怕的記憶空白！

我們在第五章學過記憶抹除。順道複習，腹側注意力網絡一旦察覺到威脅，就會自動抹除你當時正在思考的任何內容（多半是爲了讓你全心全意面對威脅）。

記憶空白的情況也是一樣：某個東西吸引你的注意（例如你的周邊視覺閃過一道光），你的大腦會判讀爲威脅，你的記憶瞬間被抹除。不過，記憶空白特殊的地方在

於，它通常發生在重要時刻：簡報、演出、考試。基於這個原因，我們通常將這種記憶突然清空的現象解讀爲高度壓力，這麼一來就會誘發皮質醇分泌，形成壓力反饋迴圈，想恢復正常是難上加難。

換句話說，記憶空白是緊張與壓力造成的無害記憶抹除。

那麼你能怎麼做？

最好的辦法是把注意力聚焦在身體。我最喜歡的技巧是蹲下。當記憶空白發生、壓力反饋迴圈啓動，暫時離開現場，背抵著牆深蹲，停住大約三十到六十秒。這個動作有點難度，當你費力維持深蹲姿勢，你疲累的肌肉會開始燃燒多餘的皮質醇，你的呼吸慢慢變深沉。這麼一來，你幾乎確定會把心臟的狂跳和皮膚的痲癢重新解讀爲疲累而非壓力。

一旦你重新定義身體的感覺，壓力循環會減弱，你可以重新回到原本的任務上。只是，不要回到你發生記憶空白那一刻的進度。寧可回到先前已經做過的事，例如迅速說一遍你說過的故事，再次回答你已經解答的問題，或重讀你讀過的段落。回到更早的時間點，能讓你更輕易提取資訊、觸發相關聯想，幫助你順利通過引發記憶空白那個時刻。

我不是笨蛋，我知道有些時候你沒辦法直接站起來宣布，「各位，給我一秒鐘，我做個深蹲馬上回來！」幸好，如果沒辦法深蹲，你可以改成緊握拳頭、雙手用力壓住桌面，或把全身重量集中在一條微彎的腿上。任何技巧只要能夠讓某塊肌肉或某肌肉群疲憊，應該都有同樣效果。

重點整理

適度壓力有助於增強記憶與一般學習（不過高度壓力與零壓力可能有害）。

・情緒是身體的生理感覺；感受是對那些生理感覺的心理詮釋。

・壓力是一種感受，不是情緒。

・適度壓力下，ARC蛋白支援海馬迴的神經元（增強記憶），FGF2則會生成新的神經元（增進學習效果）。

・高度壓力下，皮質醇殺死神經元，海馬迴因而萎縮。

・沒有壓力時，神經元自然退化，海馬迴萎縮。

應用

1、運用情緒變化來增強記憶力。

2、混搭不同活動來維持適度壓力。

・新奇感是維持大腦健全與靈活的最佳工具。

3、慎防情緒狀態依賴。

4、安全感優先。

5、運用生理與心理減壓技巧。

・記憶抹除加上壓力等於記憶空白。

・快速做個深蹲！

12

分散

沒有任何事物會消亡，它們只是偶爾沉睡、被遺忘。

——亨利・萊德・海格德（H.Rider Haggard）

終於，埋了那麼多伏筆，揭曉謎底的時候到了。

問題

你肯定注意到（可能也覺得困惑）安插在本書各處的五個「中場休息」。

中場休息1、2、4和5一模一樣。先別翻回去，你能不能回想海報上的日期、圖像與相關語詞或主題句？

日期：________

圖像：________

語詞或主題句：________

中場休息3不一樣。先別翻回去，看你能不能想出海報上的日期、圖像與相關語詞或主題句？

日期：

圖像：

語詞或主題句：

現在翻回去看看你表現如何……

如果你跟大多數人一樣，多半不太記得中場休息3，卻能想起其他四個的某些內容。

你第一個反應可能會認爲這是因爲重複：你看見那個無頭男人四次，對他的記憶當然深刻一點。可是你再看看中場休息3：那個地球儀和指南針同樣也重複四次。這代表內情沒那麼單純。

你剛才體驗到的正是分散練習（distributed practice）的力量，它幾乎稱得上是你教學力軍火庫裡最便於應用、最能適應不同情境，也最強大的工具。

遺忘

談到遺忘，人們通常把記憶想像成雲霧：注定隨著時間淡化消逝的短暫事物。

很遺憾，這個比喻並不正確。我們在第八章討論過，記憶就像叢林裡的小屋：只要我們持續提取（也就是開闢路徑），隨時都能取用。唯有我們停止存取記憶，它們才會被枝椏與雜草掩沒，遺失在叢林裡……但這不代表它們消失了！你是否曾因爲聽見過去熟悉的歌曲，突然清晰地想起高中某一場舞會的細節，而那些事你已經幾十年沒想到過？不管消失多久，只需要一個聯想，就能重新找到看似已經遺忘的記憶，再次開闢一條前往的路徑。

這引出一個有趣的問題：叢林生長的速度多快？換句話說，我們需要多常提取記憶，它們才能保持活躍、便於存取？

對這個問題研究得最廣泛的，要算是十九世紀晚期德國心理學家赫爾曼・艾賓浩斯（Hermann Ebbinghaus）。他會花幾個小時記誦一堆毫無意義的單字（ZOF、YAT、DAX），然後靜靜等待。相隔或長或短的時間後（從幾小時到幾個月），他會測試自己的記憶，看忘記了多少。他秉持超人般的耐心，花了幾年時間以不同方式做這個實驗，日復一日記誦、遺忘無意義的單字。

他的研究成果呈現在圖76。

這個圖表名爲遺忘曲線（forgetting curve），它告訴我們，叢林生長的速度相當快。事實上，人們在學習後的二十四小時就遺忘大約百分之七十。所幸這個下降趨勢很快就會趨緩停滯。不過，知道你今天在這一章讀到的內容一星期後大約只剩區區百分之二十，實在叫人氣餒。

幸運的是，艾賓浩斯的興趣不只是遺忘的速度，他也想知道什麼方法最能幫助我們記憶。爲了尋找答案，他以不同間隔複習或重新背誦不同單字，記錄各種間隔如何影響遺忘曲線。

艾賓浩斯的第一個發現是，他花愈多時間練習某一批無意義單字，就記得愈牢。這沒什麼好大驚小怪的。

他的第二個發現是，練習時程的安排對記憶有極大影響。更確切地說，如果他一次花很長時間練習（比如連續三小時），短時間內他的記憶會提升，可是遺忘曲線馬上又會出現。不過，如果他把練習分散到幾天（比如連續三天、每天一小時），他的記憶就會提升，遺忘曲線就會更慢出現。簡言之，他把練習時間分散開來，就可以記得更多，也更久（如圖77）。

我們回到叢林的比喻。如果你開闢一條通往某個記憶的路徑，大約二十四小時叢林就會蔓延，淹沒百分之七十的路面。艾賓浩斯發現，如果你連續三小時開路，情況不會有太多改變：只需要七十二小時，叢林就會重新占領那條路。然而，如果你連續三天清理路徑，叢林的生長速度

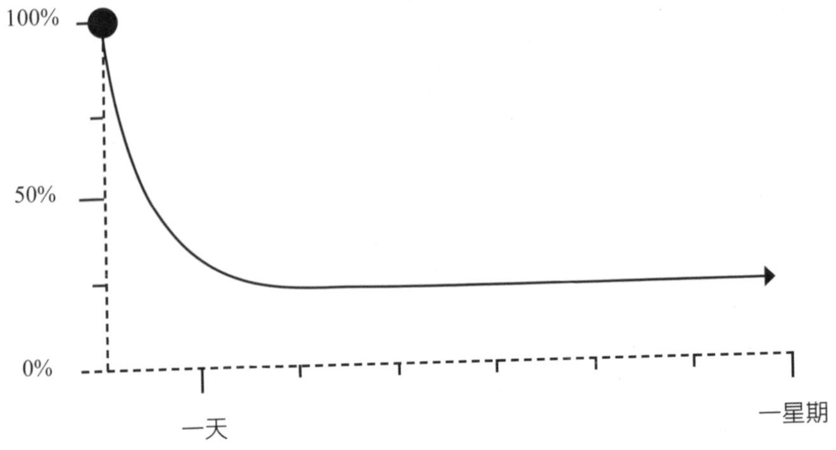

圖⑯：遺忘曲線

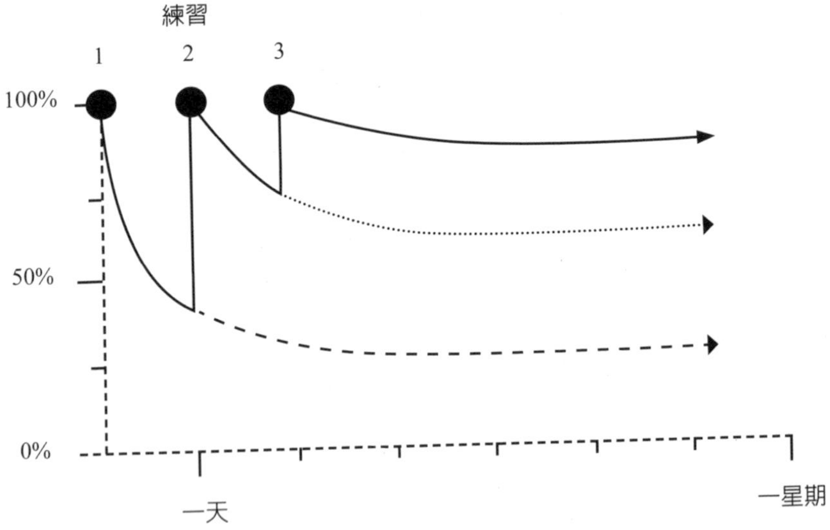

圖⑰：分散練習對抗遺忘曲線

就會明顯減慢：叢林要再占領百分之七十的路徑，可能需要幾星期時間。這彷彿在說，只要連續砍伐幾天，叢林就會明白在小路上生長是白費力氣，開始往其他方向發展，小路從此暢通無阻。

學者稱這種現象爲分散練習。簡單來說，如果將練習時間切割開來，分配到一段較長的時期裡，記憶就能保留得比花同樣時間集中一次練習更長久。我們回到本章開頭，這就是爲什麼你對中場休息1、2、4和5的海報記得比較詳細。雖然你同樣看那份海報四次，總共花大約六十秒觀看（跟中場休息3一樣），但你觀看的時間分散在一段比較長的時期裡，因此記得更深、更持久。

重點是，研究發現幾乎所有生物都有這種現象（猴子、熊蜂、海蛞蝓或植物……再看一次：植物）。另外，它顯然也適用於你想記住的任何東西，從基本資訊（單字）到高度複雜的技能（開飛機）。因此，在記憶與學習的路上如果有什麼堪稱基本法則的技巧，那就是分散練習了。

但它爲什麼有用？原來背後有三個關鍵驅力（其中兩個我們已經探討過）。

多樣性

我們把練習擠進單次延長的時間裡，很可能整段練習都發生在沒有變化的單一情境裡。比方說，如果你坐下來連續苦讀五小時，那麼這段苦讀就會在同一個房間同一張桌子上進行，被同一組氣味、聲響和生理感覺圍繞。我們在第四章學到過，如果練習都在同一種情境進行，離開那個情境後，那些記憶就沒那麼容易提取應用。

然而，如果我們把練習切割爲幾個小段落，分散到一段比較長的時期（比如連續五天、每天一小時），那麼每次練習比較可能在不同的情境下進行。即使你每天在同一張桌子讀書，也可能某次是在早上，另一次在晚上；某次你肚子餓，另一次剛吃飽；某次碰到陰雨綿綿，另一次則是陽光燦爛。這些情境或狀態的細微變化，有助於形成更深刻、更詳盡的語義記憶，方便日後在新的情境中提取或遷移。

提取

如果我們單次長時間練習，過程中只需要提取記憶一次。我們會在開始練習時喚出相關概念與技能，持續將它們留在我們的前額葉皮質，結束後重新儲存。很可惜，如同我們在第八章探討過的，形成深刻記憶的關鍵是多次提取。

幸運的是，如果我們把練習切割爲幾段比較短的段落，分散到一段時期裡，我們就會多次提取並儲存記憶。像這樣重複開關通往相關概念與技能的路徑，能形成更持久的記憶，叢林生長的速度也會減緩。

鞏固

到目前爲止本書還沒討論到的概念就是記憶鞏固（memory consolidation）。如果說編碼指的是把新資訊植入大腦，而儲存是在大腦裡爲這筆資訊找個家，那麼鞏固就是把這筆資訊牢牢固定住，防止它離家出走。這可以方便我們日後更容易找到那筆資訊。

大部分的鞏固發生在睡夢中，但沒有人百分之百確知背後的機制。睡眠時大腦活動力減慢，不過，偶爾卻會短暫爆發劇烈活動。一般認爲這些爆發（名爲睡眠紡錘波〔sleep spindles〕）代表大腦正在「重播」當天學習到的概念與資訊。用最簡單的方式形容：睡眠過程中，新記憶（編碼）在大腦尋找扎根（儲存）的地方，而大腦的那個區域會「重新上演」相關記憶幾次，好將它固定下來（鞏固）。夢境很可能就是這些重新上演的小片段觸及有意識的覺知。

重點來了：鞏固不會立刻發生，而是需要幾個月（長則幾年）來完成。幸運的是，鞏固可以藉由重複提取來加速。另外，大腦每個晚上能鞏固的數量有限。一般來說，當天接觸到的資訊會先鞏固。換句話說，當天沒有提取的記憶可能會落入鞏固的待辦事項區，需要花更多時間才穩穩固定。

如果我們只做單次長時間練習，等於那些資訊只有一次機會可以在睡眠中鞏固。這麼一來，

圖⑱：別吵我，我在鞏固記憶

那些記憶就不會牢牢固定下來，變得容易受干擾，日後不容易提取。然而，如果我們把練習切割成幾個小段落，分散到一段比較長的期間，就能有比較多睡眠鞏固的機會，那些記憶因此更穩定、更容易提取。

少即是多

一旦明白了分散練習的力量，有個問題自然而然浮現腦海：要想記得又牢又久，有沒有最完美的分散規律？

很遺憾，你多半已經猜到了，這個問題沒有固定答案。理想的練習次數、時間長短與彼此的間隔，都視個別情況而定。簡單的技能需要的次數比複雜的技能少；熟練比光是學會需要更長時間練習；心理技能的練習可能需要比身體技能更頻繁，諸如此類。

話雖如此，我們倒是有個經常採用的經驗法則：

期限	分散間隔
一星期	每天

一個月	每週
一年	每個月

爲某個特定目標（比如未來的簡報）做準備時，可以根據預定日期安排練習時程。如果簡報在一星期後，就每天練習（而非拖延到上場前一天）。如果還有一個月，每星期練習一次。如果簡報日期在一年（或更久）以後，每個月練習一次。

假使沒有限期，而你希望學員永遠記住資訊，就結合上述所有時程。一開始每天練習一點時間。大約一星期後，練習的間隔可以拉長，也許兩天一次，之後每星期一次，再來兩星期一次，而後每個月一次。時日一久，很可能你每年只需要安排一次短時間練習，就能維持牢固又容易提取的記憶。

警語

談到「分散練習」，大多數人會聚焦在前兩個字：分散。然而，後面兩個字——練習——也同樣重要。簡單來說，我們上面探討的各種好處之所以產生，是因爲學員練習的是他們已經學會的事物。遺憾的是，幾乎沒有直接證據顯示分散新的學習對記憶有同樣效果。因此，如果你介紹的是全新主題，在分散之前，最好先給予學員充足的時間學習。

另外，分散練習要有成效，學員必須真的練習！連續三十天每天練習數學一分鐘，效果不會等於一天練習三十分鐘。練習必須實際、專注，並且與目標技能相關。重要的是，這會根據你要練習的技能有所不同。背單字每次可能三十分鐘就夠了，練習複雜的電腦程式設計卻可能需要四到五小時。

最後，單次長時間練習的效果立即而明顯，分散練習的長期成效卻要等待一段時間後才能顯現。因此，有些人不敢太信賴這種方式。唯一的解決方法可能是，設法評量並比較各時期的進步（隨堂測驗、問卷調查、練習前後的照片、自由書寫、影片等）。學員一旦看見分散練習帶來的好處，採用的意願會更高。

給領導人、教學者與教練的提示

1、分散、分散、再分散

這裡能說的已經不多：如果你有時間、有機會把練習分散爲幾個段落，就放手去做。只要練習本身實際又有意義，很難想像它在哪種情境下不能發揮效益。

緊迫問題一：臨時抱佛腳

「我都是考試前夕才讀書，總算也順利完成學業。又何必分散練習？」

臨時抱佛腳確實有用。如果你考前花十小時密集K書，也許會考得不錯。只是，如同我們上面討論的，密集K書只能暫時延緩遺忘曲線。經過短短七十二小時，你讀

到的內容幾乎已經遺忘百分之七十。

相反地，把那十小時分散到五天，考試成績不但一樣好，還能記得比較久。事實上，如果採用分散練習，很可能讀完六個月後記憶還很清晰，輕易就能提取。

話雖如此，人們還是喜歡臨時抱佛腳。也就是說，如果你希望學員把學到的資訊或技能記得更久，就得設法對治密集K書，盡可能置入分散練習的技巧（例如下列幾種）。

緊迫問題二：馬拉松追劇

「我一天之內不間斷追完《絕命毒師》（Breaking Bad）最後一季。這跟密集K書一樣嗎？」

很遺憾，是的。

人們馬拉松追劇時，記憶模式跟密集K書是一樣的：大約七十二小時的牢固記憶，之後急轉直下。反觀每晚或每週看一集的人，他們的記憶表現會跟分散練習的人一樣：連續幾個月的穩固記憶。

幸好，人們看電視影集多半是爲了娛樂，誰在乎你記不記得《絕命毒師》裡的大小細節？那只是放鬆心情的消遣。

壞消息是：比起每晚或每星期收看一集的人，馬拉松追劇的人體驗到的樂趣明顯少得多。

話雖如此，我不認爲喜歡馬拉松追劇的人會因此改變作風：那已經變成我們使用媒體根深蒂固的習慣。不過，在數位教學的領域，這些觀念就變得非常重要。

愈來愈多人錄製簡報、課程與訓練過程，將教學平台移到網路上。一種全新的行爲出現了：追劇式學習。如今人們會單次連續觀看數位影片或網路課程幾小時。很遺憾，你多半預料到了，他們學到的東西會忘得很快。

如果你希望學員記住數位教材，就得花點心思對治追劇式學習，也許可以配合分散的進度，限制某些影片課程的存取（例如看過影片教學第一課之後，必須等待四十八小時、並且完成數位複習，才能觀看第二課）。

「等等，早先你說分散只適用於課後練習。可是追劇式學習並不是練習呀。這又是怎麼回事？」

夠機靈！

電視影集雖然劇情互相銜接，每一集卻都是獨特的原創作品。意思是說，看電視影集比較像學習（體驗新事物），而非練習（重新推敲學過的內容）。

如果分散只對練習有用，爲什麼每晚或每星期看一集的人記得比馬拉松追劇的人多？

如果你仔細讀前面的內容，會發現我並沒有說分散學習不可能：我只說幾乎沒有證據可供佐證。把學習分散到一段比較長的期間，成效確實可能比擠在一小段時間來得好。事實上，有證據顯示把訓練課程切割成多個半天課程，會比同一套課程擠在一天內學完更有效。

很可惜，在建立清楚、有力而明確的證據以前，最好避免以分散學習爲主要策略，寧可把全部心力專注在已經證明確實有效的分散練習。

2、別把複習時間留到最後

在全套課程的最後一天一次大規模「複習」，探索過去幾天、幾週或幾個月教導過的主題，是相當普遍的做法。你多半已經猜到了，這麼做的效果跟密集練習相同。

比較好的做法是，每天或每星期課程結束前，花一點時間複習學過的概念。這麼做可以確保學員有很多機會回想先前在課堂上學到的內容（形成持久的記憶），比較新的記憶也能因此鞏固。

如果你只有一堂課的時間，那就想辦法利用數位工具分散練習。每星期寄出一段影片、電子報或練習活動，協助學員提取並練習相關教材。如果你能激發學員回想學過的資訊（比如透過測驗、討論主題或遊戲），那就更好了。隨著時間過去，你可以把這些迷你複習的間隔愈拉愈長。理想狀態下，最後只要每年複習一次，就足以讓那些概念記得穩定又牢固。

舉例來說，我工作單位的所有同仁每年都得花八小時參加健康與安全研討會。你應該猜得到，沒有人記住太多研討內容，大多數人覺得那一整天都浪費了。想像一下，如果第一次研討會以後，主辦單位每星期安排三十分鐘的複習……之後延長爲一個月一次……然後兩個月一次。到最後每年只需要複習半小時，效果會勝過全天課程。

3、一開始別要求完美

我們前面討論過，艾賓浩斯是在熟記所有單字以後，才開始分散練習。

幸好我們不需要把教材記得滾瓜爛熟。即使你還沒完全通曉某個技能或主題，分散練習還是能發揮它的妙用：只要知道得夠多、足以開始練習就行。再者，分散練習還沒精通的教材，其實能幫助你更快達到純熟的程度。

4、合併使用分散與其他所有策略

分散練習最大的優點是，它是一種總體原則，意思是它可以應用在任何更特定的技巧上。交錯、回想、情境、故事、促發，都是增進記憶與學習的策略，然而，分散就像類固醇，可以跟它們搭配，進一步提升效益。

本書討論過的所有技巧，都能因爲分散練習受益。

圖⑲：再一集就好……

重點整理

把練習時間切割為幾個分散段落，可以增強記憶、提升學習效果。

・人們遺忘新資訊的速度相當快。

・把練習分配到幾天時間裡，遺忘的速度便會明顯減緩。這叫分散練習。

・持續的分散練習有助於保持記憶，練習的間隔也可以慢慢拉長。

應用

1、分散、分散、再分散。

・考前臨時抱佛腳只能短暫延緩遺忘曲線。

・馬拉松追劇（或線上學習）等於臨時抱佛腳。

・練習時運用分散，而非學習時。

2、別把複習時間留到最後。

3、一開始別要求完美。

4、合併使用分散與其他所有策略。

接下來

後記

你是教學者。

但願你讀完這本書之後，不但蒐集到有用的技巧來增進你的教學力，也能開始明白個別技巧爲什麼有用。快速複習一下我們討論過的主題：

1、閱讀文字的同時沒辦法聆聽他人說話。
2、聽演說時觀看圖像，有助於增進學習與記憶。
3、可預測的空間配置釋出心理資源，有助於增進學習與記憶。
4、人們練習的所在地和練習時的感受，會形成他們所學內容不可或缺的面向。
5、人類不能一心多用，這麼做會影響學習與記憶。
6、練習過程中交錯各種技能，有助於增進臨場表現與技能遷移。
7、接受錯誤有助於增進學習、記憶與預測。
8、回想（有別於複習與／或再認）能建立更強、更深、更容易存取的記憶。

9、預先啓動知識、期待和策略來增進他人的學習。

10、利用故事增進理解、引導思考並形成記憶。

11、適度壓力有助於增強記憶與一般學習（不過高度壓力與零壓力可能有害）。

12、把練習時間切割爲幾個分散段落，可以增強記憶、提升學習效果。

如同引言所說，這些都是學習的基本原理，有雄厚的腦科學與行爲科學研究爲後盾。如果你想鑽研這些文獻，或深入了解某個特定主題，請造訪以下網址瀏覽豐富的參考資料：http://www.scienceoflearning.com.au/references

我希望你能利用本書探討的深度知識，針對你的特殊情況修改、調整這些技巧，以符合個別需求。時日一久，你就能革新並創造出專屬你個人的有效教學或學習策略。

換句話說，你已經走在成爲教學畢卡索的康莊大道上。

圖⑧：我們回來了！

Creative 148

最高學習法：
12個改變你如何思考、學習與記憶的核心關鍵

作　　者｜傑里德・庫尼・霍維斯
譯　　者｜陳錦慧
出　版　者｜大田出版有限公司
台北市一〇四四五中山北路二段二十六巷二號二樓
E-mail｜titan@morningstar.com.tw　http：//www.titan3.com.tw
編輯部專線｜（02）2562-1383　傳真：（02）2581-8761
總　編　輯｜莊培園
副總編輯｜蔡鳳儀
行政編輯｜楊雅涵／鄭鈺澐
校　　對｜黃薇霓／金文蕙
內頁設計｜陳柔含
初　　刷｜二〇二〇年八月一日　定價：三九九元
六　　刷｜二〇二二年十二月二十二日
E-mail｜service@morningstar.com.tw
網路書店｜http://www.morningstar.com.tw（晨星網路書店）
TEL：04-2359-5819 FAX：04-2359-5493
郵政劃撥｜15060393（知己圖書股份有限公司）
印　　刷｜上好印刷股份有限公司
國際書碼｜978-986-179-597-3　CIP：521.4/109007388

填回函雙重禮
① 立即送購書優惠券
② 抽獎小禮物

國家圖書館出版品預行編目資料

最高學習法／傑里德・庫尼・霍維斯著；陳錦慧譯.
——初版——臺北市：大田，2020.08
面；公分.——（Creative；148）
ISBN 978-986-179-597-3（平裝）
521.4　　109007388